Dados Internacionais de Catalogação na Publicação (CIP)
(Câmara Brasileira do Livro, SP, Brasil)

Milhollan, Frank
Skinner x Rogers: maneiras contrastantes de encarar a educação / Frank Milhollan, Bill E. Forisha; (tradução Aydano Arruda). – 8. ed. – São Paulo: Summus, 1978.

Bibliografia
ISBN 978-85-323-0035-5

1. Condicionamento operante 2. Criatividade 3. Educação – Filosofia 4. Psicologia da aprendizagem 5. Rogers, Carl Ransom. 6. Skinner, Burrhus Frederic – I. Forisha, Bill E. II. Título

78-0011	17. e 18.	CDD-370.15
	17. e 18.	-153.15
	17. e 18.	-370.1
	18.	-370.152

Índices para catálogo sistemático:

1. Aprendizagem :
   Psicologia educacional   370.15 (17.) 370.152 (18.)
2. Condicionamento operante :
   Psicologia da aprendizagem   153.15 (17. e 18.)
3. Criatividade : Aprendizagem :
   Psicologia educacional   370.15 (17.) 370.152 (18.)
4. Educação : Filosofia   370.1 (17. e 18.)
5. Educação : Teorias   370.1 (17 e 18.)
6. Psicologia da aprendizagem   153.15 (17. e 18.)
7. Psicologia educacional   370.15 (17. e 18.)

Compre em lugar de fotocopiar.
Cada real que você dá por um livro recompensa seus autores
e os convida a produzir mais sobre o tema;
incentiva seus editores a encomendar, traduzir e publicar
outras obras sobre o assunto;
e paga aos livreiros por estocar e levar até você livros
para a sua informação e o seu entretenimento.
Cada real que você dá pela fotocópia não autorizada de um livro
financia o crime
e ajuda a matar a produção intelectual de seu país.

skinner
X
rogers

maneiras contrastantes de encarar a educação

frank
milhollan

bill e.
forisha

summus editorial

Do original em língua inglesa
FROM SKINNER TO ROGERS
CONTRASTING APPROACHES TO EDUCATION
Copyright © 1972
by Professional Educators Publications, Inc — U.S.A.

Tradução de
Aydano Arruda

Capa de
Rino

Supervisão
Ivanise Leite

Proibida a reprodução total ou parcial deste livro, por qualquer meio e sistema, sem o prévio consentimento da Editora.

Direitos para a língua portuguesa
adquiridos por
SUMMUS EDITORIAL LTDA.
que se reserva a propriedade desta tradução.
Rua Itapicuru, 613 – 7º andar
05006-000 – São Paulo, SP
Tel.: (11) 3872-3322
Fax: (11) 3872-7476
http://www.summus.com.br
e-mail: summus@summus.com.br

Impresso no Brasil

ÍNDICE

Apresentação da Edição Brasileira 5

Prefácio 9

Parte I. INTRODUÇÃO 15

1. *Dois modelos de homem* 17

2. *Os pontos de vista em desenvolvimento* 23

Parte II. B. F. SKINNER 43

Uma Psicologia Científica 45

3. *Antecedentes históricos e filosóficos* 49

   Thorndike e o conexionismo 49, Pavlov e o condicionamento clássico 56, Watson e o behaviorismo 61, Skinner e o condicionamento operante 65.

4. *O processo de aprendizagem: Análise científica de comportamento segundo Skinner* 71

   Duas espécies de aprendizagem 72, Comportamento supersticioso 76, Reforços positivos e negativos 77, Extinção 78, Esquemas de reforço 79, Reforçadores primários e secundários 83, Reforçadores generalizados 85, Evitação 86, Generalização de estímulo 88, Discriminação de estímulo 90, Generalização de resposta 92, Diferenciação de resposta 93, Punição 98, Encadeamento 103, Imitação 106.

5. *Implicações no ensino: A tecnologia do ensino* 109

   A máquina de ensinar 112, Materiais programados 114.

Parte III. CARL R. ROGERS 121

A Psicologia Humanística 123

6. *Antecedentes históricos e filosóficos* 125

7. *O processo de aprendizagem: Fenomenologia de Rogers* 147

8. *Implicações no ensino: A facilitação de aprendizagem* 175

NOTAS 187

BIBLIOGRAFIA 191

Apresentação da Edição Brasileira

Skinner X Rogers — já nos informa o título do trabalho dos professores Milhollan e Forisha — duas maneiras contrastantes de encarar a educação. E contrastantes não apenas em teoria, senão que também na prática, pois que em um ou em outro assentam as concepções que orientam a maior parte dos processos pedagógicos introduzidos experimentalmente nas escolas brasileiras. Comportamentalismo e Fenomenologia, nada mais útil do que encontrarmos desde já em um mesmo texto os dois modelos lado a lado. Baseados fundamentalmente em duas obras — "Tecnologia do Ensino" de Skinner e "Liberdade para Aprender" de Rogers — os autores situam as origens filosóficas e históricas dos modelos, delimitam as teorias e expõem seus processos e implicações. Vistos simultaneamente, fácil se faz a comparação. Destaca-se que sua divergência teórica não se refere apenas à eficácia dos processos de aprendizagem, mas assenta em diferentes concepções do Homem e da Educação.

Para Skinner, a realidade é um fenômeno objetivo. Há um mundo construído e a consciência do homem provém deste mundo (o homem é produto do meio). A conscientização do indivíduo pode provir de suas relações acidentais com o mundo, ou pode-se tentar controlar tais relações para que a consciência não se forme acidentalmente. De qualquer forma, o indivíduo seria manipulado, seja de maneira aleatória por suas relações com a sociedade, seja de maneira determinada pelo controle científico da educação. Assim, a liberdade de aprendizagem seria um luxo caro, a institucionalização da acidentalidade como processo formador da consciência. Os educadores teriam o direito, senão o dever, de controlar o processo, preservando a herança histórica e cultural da humanidade.

Para Rogers, a realidade é um fenômeno subjetivo: cada ser humano reconstrói em si mesmo o mundo exterior a partir de sua autopercepção, que recebe os estímulos (experiências) e dota-os de significado. Há em cada indivíduo uma consciência que lhe per-

7

mite significar e optar. Essa consciência autônoma e interna é a liberdade, e o ponto focal da educação deve ser a preservação e o crescimento dessa liberdade.

Então, vistos lado a lado, chega-nos a questão fundamental a separar Skinner e Rogers: Onde está a consciência? No homem em si mesmo? Bastando para conservá-la manter a visão inocente do mundo, impedindo que manipulações e preconceitos venham deformá-la? Ou ela é externa e devemos incutí-la no indivíduo da maneira mais racional e científica possível? No homem ou no mundo? Somos pessoas ou "massa"?

Questão não resolvida que afligiu e aflige a ciência liberal e não apenas no campo da Educação. Ao leitor é dado optar livremente por uma ou outra concepção. Ou será que essa opção não será tão livre, mas estará condicionada às formas de ensino e sociedade a que, acidentalmente, foi submetido?

Localizadas as premissas básicas antagônicas, verifica-se, contudo, que pertencem a um mesmo modelo de ciência: a ciência liberal. E, portanto, há que se perguntar se as conseqüências da aplicação dos dois processos de ensino seriam também tão divergentes. Temos nossas dúvidas: em Skinner a educação é apresentada explicitamente, como forma de controle social. Mas em Rogers, o aceito da significação e aceitação individual, a ênfase na exaltação do self e numa autopreocupação talvez egoística, podem produzir um homem livre, mas ilhado em sua própria liberdade. E, em última análise, a educação não chegaria também a se constituir numa sofisticada forma de controle social? Como acentuou Maquiavel, "dividir para governar" e, homens-ilhas não poderiam estar mais divididos.

Skinner e Rogers, diferenças e semelhanças. Uma questão verdadeira a distingüir duas grandes linhas conceituais, ou uma falsa questão a mascarar conseqüências análogas. Homem ou mundo, questão real? Ou se deveria pensar no homem com o mundo, o que levaria necessariamente a uma terceira posição?

Ivanise Leite

Prefácio

A maioria dos programas de educação do professor prevê, de uma ou outra maneira, algum tratamento sobre a aprendizagem e teoria de aprendizagem. Quando não o fazem, há entre alguns estudantes e membros do corpo docente, a incômoda impressão de que foi descuidado um aspecto importante da educação do professor. Por outro lado, professores, com muita freqüência, põem em dúvida o valor de teorias de aprendizagem, parecendo interessar-se mais por informação prática do que pelas especulações teóricas de psicólogos.

Talvez seja conveniente uma reavaliação de nossa maneira de encarar o estudo de aprendizagem e teoria de aprendizagem na educação. Várias razões podem ser sugeridas para essa necessidade, algumas das quais mencionadas abaixo.

Embora teorias de aprendizagem sejam em grande parte produto deste século, mesmo em psicologia seu estudo tornou-se principalmente um trabalho histórico. Na realidade, novas pesquisas sobre aprendizagem, estimuladas por teorias, declinaram a partir da década de 1950. Existe agora muito maior ênfase na coleta de dados na ausência de questões teóricas explícitas. Há igualmente interesse por problemas teóricos menores e pela construção dos chamados "sistemas em miniatura", que focalizam problemas específicos em oposição às grandiosas teorias de aprendizagem e, comportamento de anos anteriores.

9

Durante muitos anos o professor Ernest R. Hilgard, em três edições de seu livro *Theories of Learning*, apresentou uma seleção de teorias e um fundamento lógico para sua inclusão[1]. Outros autores tenderam a seguir essa classificação e seleção de teorias de aprendizagem. Reconhecidamente, o estudo científico de aprendizagem tem sido primordialmente domínio de psicólogos. Todavia, educadores que durante décadas procuraram obter do psicólogo uma compreensão do processo de aprendizagem, freqüentemente não encontraram soluções para seus problemas. A dificuldade para aplicar teorias de aprendizagem a práticas educacionais talvez seja devida, pelo menos em parte, à *espécie* de teorias de aprendizagem sobre as quais focalizamos nossa atenção. Muitas não tratam da espécie de aprendizagem que ocorre na sala de aulas. De fato, alguns teóricos contemporâneos negaram todo interesse pela utilidade prática de suas descobertas. Embora o compêndio de Hilgard possa ser altamente adequado às necessidades de psicólogos, é possível que outros critérios de seleção atendam melhor às necessidades de educadores.

Talvez a alegação de irrelevância por parte de educadores resulte também da maneira como tradicionalmente abordamos a teoria de aprendizagem. Não é incomum descobrir alguns curtos parágrafos dedicados à teoria de aprendizagem em textos de psicologia educacional. É muitas vezes obscuro o que tratamento tão breve, pretende transmitir. Além disso, esses e mesmo tratamentos mais abrangentes são implícita ou explicitamente tendenciosos em muitos casos. No mais das vezes, teorias de aprendizagem são apresentadas sem adequado desenvolvimento de correlatos históricos, filosóficos, psicológicos e educacionais, o que pode roubar-lhes enriquecimento potencial de compreensão, e significação. Apesar da incerteza ou confusão entre estudantes e educadores quanto à significação de teoria de aprendizagem, pode-se concordar quanto a uma declaração: *Ensino é uma atividade que emerge de alguma concepção sobre como ocorre aprendizagem.* Se aceito esse ponto de vista, é provável que todo professor tenha alguma teoria de aprendizagem que pode ou não ser prontamente enunciada. Parece que nossa tarefa passa a ser a de identificar meios pelos quais estudantes e professores possam ser ajudados a examinar as premissas e questões que constituem uma espécie de teoria de aprendizagem apropriada a ambientes escolares e refletir sobre elas. Se avaliarmos a realização de uma síntese de valores e metas de um professor com sua concepção de aprendizagem e com sua prática educacional, esta meta poderá ser vastamente facilitada por uma orientação mais integrativa em relação ao estudo de teoria de aprendizagem.

A abordagem deste livro nasceu tanto de experiência de ensino em sala de aulas, quanto de vários anos de experiência no ensino de teorias de aprendizagem a educadores. Não é, porém, um estudo de teorias de aprendizagem. Seu principal propósito é introduzir uma estrutura que possa servir ao leitor como larga base para avaliação de teoria de aprendizagem, filosofia educacional e prática educacional. Espera-se que o leitor possa adquirir uma útil e importante perspectiva, que não se derivaria necessariamente de um estudo da teoria de aprendizagem em si própria.

Os autores começam com a premissa de que dois pontos de vista filosóficos fortemente divergentes estão representados na atual literatura educacional, grande parte da qual goza de consumo popular. Um ou outro dos dois pontos de vista parece refletir-se em considerável medida na atual prática educacional e em reformas e inovações propostas nas escolas. E, de fato, quase todas as teorias psicológicas modernas parecem orientar-se para uma dessas duas concepções polares, que datam da antiguidade. Essas abordagens largamente contrastantes do estudo do homem, foram descritas por Allport como tradições Lockeana e Leibnitziana[2]. Wann, em livro *Behaviorism and Phenomenology: Contrasting Bases for Modern Psychology*, organizou apresentações e discussões correspondentes que ilustram claramente essa divisão em psicologia filosófica[3]. Hitt, desenvolve ainda mais a dicotomia em sua concepção de "Dois Modelos de Homem".[4]

Embora os pontos de vista estejam representados no trabalho de grande número de pessoas, tanto historicamente como contemporaneamente, os escritos de B. F. Skinner e Carl R. Rogers parecem aos autores, atender a três critérios em harmonia com os propósitos deste livro: são respresentativos dos dois pontos de vista divergentes, mencionados acima, ambos são eminentes psicólogos que se interessam por aprendizagem e educação e para elas dirigiram sua atenção, e ambos tiveram e têm considerável influência sobre prática educacional.

Talvez seja interessante notar que, embora invariavelmente incluído em qualquer tratamento de teoria de aprendizagem, Skinner nega que seu sistema seja uma teoria. Rogers, por outro lado, dedicou a maior parte de sua vida profissional a áreas de aconselhamento e personalidade, e não, ostensivamente, à "aprendizagem". Como veremos, ambos têm muita coisa a dizer sobre aprendizagem, embora por certos critérios nenhum deles seja teórico de aprendizagem.

O principal impulso do livro é, portanto, a apresentação de dois modelos divergentes de homem, das premissas filosóficas explícitas e implícitas que caracterizam cada ponto de vista, das condições de aprendizagem compatíveis com cada modelo e das implicações educacionais de cada posição.

Os leitores são encorajados a avaliar a sua própria posição em relação aos pontos de vista contrastantes apresentados. Espera-se que este processo proporcione uma noção de direção a professores, uma estrutura com que organizar princípios e práticas educacionais, e linhas mestras que ajudem o estudante a encontrar seu caminho na atual literatura sobre aprendizagem. Várias fontes adicionais para maior estudo são apresentadas na bibliografia anotada. Foram selecionadas com base em legibilidade, clareza e interdependência.

Parte I

INTRODUÇÃO

CAPÍTULO 1

Dois Modelos de Homem

Dois modelos ou imagens de homem foram propostos e discutidos igualmente, por filósofos e psicólogos, durante muitos anos. Um smpósio realizado na Universidade Rice em 1964 apontou claramente a divisão na psicologia teórica e filosófica contemporânea. O principal tópico do simpósio foi o conflito entre fenomenologia e comportamentalismo. Comunicações e trabalhos apresentados ao simpósio, referiam-se especificamente a dois modelos distintos de homem e à orientação científica particular associada a cada modelo.

As declarações seguintes descreverão o que parece ser central nesse continuado conflito.

A orientação comportamentalista considera o homem um organismo passivo, governado por estímulos fornecidos pelo ambiente externo. O homem pode ser manipulado, isto é, seu comportamento pode ser controlado, através de adequado controle de estímulos ambientais. Além disso, as leis que governam o homem, são primordialmente iguais às leis universais que governam todos os fenômenos naturais. Portanto, o método científico, tal como desenvolvido pelas ciências físicas, é também apropriado para o estudo do organismo humano.

A orientação fenomenológica considera o homem a fonte de todos os atos. O homem é essencialmente livre para fazer escolhas em cada situação. O ponto focal dessa liberdade é a consciência humana. Comportamento, é assim, apenas a expressão observável e a conseqüência de um mundo de ser interno, essencialmente privado. Portanto, só uma ciência do homem que comece com experiência, tal como é imediatamente dada nesse mundo de ser, pode ser adequada ao estudo do organismo humano.

Por vários anos, psicólogos interessaram-se por ambos os aspectos do homem, suas ações e sua autopercepção. É claro que talvez, em realidade, não tenha sido útil para a compreensão do homem considerar esses dois modelos ou orientações como sendo, de fato, mutuamente exclusivos. Por que devemos necessariamente escolher de uma vez por todas entre eles? Talvez o homem possa muitas vezes ser descrito significativamente em termos de seu comportamento e, em outras vezes ou em outros contextos, possa ser descrito mais significativamente em termos de sua consciência (autopercepção). Comportamento pode ser mais acessível a investigações tradicionalmente científicas, mas uma investigação sistemática de consciência, poderia fornecer um conhecimento mais significativo do homem.

Assim, parece razoável que o homem possa ser descrito em termos, quer de seu comportamento, quer de sua autopercepção, quer de ambos. Entretanto, assim fazendo, as conclusões a respeito do homem permanecerão aparentemente contraditórias ou, pelo menos, paradoxais. Refletirão inevitavelmente uma das duas orientações metodológicas. E, realmente, os dois modelos de homem ainda continuarão incorporando diversos pontos de vista contrastantes.

Considerem-se esses pontos de vista sob a forma das questões interrelacionadas abaixo.

Por exemplo, o homem é previsível ou é essencialmente imprevisível? Predição e controle são com freqüência considerados como a prova final de validade de qualquer teoria científica determinada, que esteja sendo proposta. A própria teoria é na realidade uma explicação das causas suficientes e determinantes do fenômeno em estudo. Determinismo, que por definição nega a liberdade humana, está assim inevitavelmente associado ao tradicional objetivo científico de predição.

Mas continua a haver falhas notáveis na tentativa de predizer o comportamento humano; pelo menos uma questão crucial que surge, é se causas suficientes para comportamento, poderão ser realmente conhecidas algum dia, quer pelo observador, quer pelo próprio paciente.

Assim, a questão a respeito da possibilidade de predição é em si mesma, contingente de outras questões. O homem vive em um mundo objetivo? E ele é nesse mundo, simplesmente um transmissor de informação? Ou o homem vive em um mundo subjetivo no qual se torna um efetivo gerador de algo novo? O mundo objetivo, pode-se declarar, é uma entidade mensurável, completamente racional e digna de confiança. Pode-se concordar em que fatos e dados são o que são, e significam informação adicional verificável. O homem age neste mundo tão simplesmente quanto um elemento adicional, isto é, um elemento vivo que tem a capacidade de transmitir informação, mas não de alterá-la. Um indivíduo existe como uma máquina complexa. De fato, inteligência como tal, é apenas aquilo que é introduzido no sistema humano. Assim, por padrões objetivos, a inteligência humana pode ser medida e controlada, e o comportamento, refletindo àquela entrada, pode ser predito.

Aparentemente, porém, o homem vive também em um mundo subjetivo. Este é um mundo privado de sentimentos, emoções e percepções. Com base nesse mundo privado o homem tem a capacidade de transmitir, mas tem igualmente a capacidade mais alta de gerar informação nova. Pode fazer perguntas que antes nunca foram feitas. Pode tomar decisões quanto a linhas de ação, que antes nunca foram cogitadas ou previstas. Pode mesmo definir como valiosa, alguma coisa que não leva em conta sua aptidão para fazê-lo — tal como

19

modelo de homem transmissor de informação, que é, naturalmente, aceitável para a maioria dos cientistas comportamentalistas. As ações do homem podem ser orientadas por conhecimento científico, mas podem também ser vistas como fundamentalmente determinadas por uma experiência interna de escolha e avaliação. Jaspers (1967) escreveu: "Uma ciência empírica não pode ensinar a alguém o que deve fazer, mas apenas o que pode fazer para atingir seu fim por meios estáveis".[1]

Dentro deste mundo subjetivo, o indivíduo existe unicamente. Isto é, de um ponto de vista fenomenológico, cada homem é único. Nas ciências do comportamento são desenvolvidas leis que destinam a justificar classes inteiras de fenômenos sociais. O comportamento de um homem é predizível precisamente, porque se conforma com tais leis. Deste ponto de vista objetivo, um homem é igual a outros homens. Descrições de homem ou explicações de seu comportamento podem ser representadas muito significativamente em termos absolutos, isto é, em termos livres de restrição ou limitação. Mas, em sentido contrário, se cada homem é considerado único, descrições ou explicações de seu comportamento devem ser representadas em termos relativos. Isto é, não são possíveis leis gerais de comportamento, pois tudo seria dependente de alguma outra coisa. De fato, deste ponto de vista, a própria unicidade da existência de cada homem impede qualquer certeza sobre absolutamente tudo.

Relacionada com essas questões a respeito da existência do homem no mundo, seja como objeto, seja como sujeito, está a questão: O homem pode ser melhor compreendido através de análise ou de síntese? Características humanas podem ser investigadas independentemente umas das outras ou devem ser estudadas como um todo? Nas ciências do comportamento, assim como nas ciências naturais, resultados úteis podem muitas vezes ser produzidos investigando-se uma característica singular independentemente de outras características. Por outro lado, tal abordagem não envolve o perigo de ignorar a importância de interações e interdependências de muitas variáveis que operam em qualquer situação? A estratégia mais eficiente para o investigador talvez fosse mover-se de um lado para outro, entre análise e síntese.

Em todas essas questões, estamos essencialmente perguntando se o homem é ou não, verdadeiramente cognoscível em termos científicos, ou se atualmente ele pode conhecer a respeito de si mesmo. Esta questão final é básica para todo o estudo do homem. Se o homem existe como fato conhecível, então ele constitui uma realidade objetiva. Se não, então ele existe como uma potencialidade, isto é, representa possibilidade e não realidade. Maslow, (1961) expressou o ponto de vista da potencialidade humana: "Acho justo dizer que jamais será completa uma teoria de psicologia que não incorpore centralmente o conceito de que o homem tem seu futuro dentro de si, dinamicamente ativo no momento presente."[2] No entanto, existem muitos indícios apoiando a idéia de que o homem é cientificamente conhecível. E esses indícios estão aumentando rapidamente como resultado tanto de experiências de laboratório quanto de estudos de campo. Portanto, talvez só se possa concluir, por mais paradoxalmente que seja, que embora o homem seja cientificamente conhecível, é também conhecível no sentido de que ele provavelmente muda e evolui cada vez que adquire novo conhecimento a seu próprio respeito.

Existem portanto dois modelos de homem, possíveis e tradicionalmente opostos. A aceitação quer do modelo fenomenológico, quer do modelo comportamentista, com a exclusão do outro, pode ter importantes implicações nos mundos cotidianos de nossas vidas pessoais e profissionais. Este não é apenas um debate em andamento, pelo gosto de promover exercício acadêmico. A escolha de um ou de outro poderia influenciar grandemente

numerosas atividades humanas em áreas como educação, política, teologia e atuação de pais ou mães.
Quer isto dizer, porém, que uma escolha deva necessariamente e finalmente ser feita. De fato, parece haver verdade em ambos os pontos de vista sobre o homem. Mas parece ser importante que um indivíduo interessado em trabalhar com pessoas, esteja pelo menos familiarizado com esses pontos de vista e seja sensível aos paradoxos envolvidos. É propósito deste livro facilitar tais processos nos capítulos seguintes. O desenvolvimento histórico desses dois modelos de homem será traçado e sua posição contemporânea será examinada com alguma minúcia.

CAPÍTULO 2

Os Pontos de Vista em Desenvolvimento

O homem provavelmente, sempre teve curiosidade a respeito de si mesmo. Podemos presumir que a dependência do homem primitivo em relação a seu meio, não poderia permitir a ele ser indiferente aos efeitos que esse mundo circundante exercia sobre si. Muito cedo, na história da humanidade, as coisas vivas que partilhavam seu mundo, especialmente outros humanos, devem ter despertado nele um interesse especial. Ele deve ter especulado sobre o comportamento delas e sobre a maneira como era igual a elas ou diferente delas. É fácil imaginá-lo fazendo as familiares perguntas: "Que sou eu?" "Como cheguei a ser o que sou?".

Suspeitamos que de alguma maneira ele descobriu casualmente a noção de atribuir espírito a coisas que se moviam, como explicação para seu movimento. Este sistema de crença animista foi aplicado a fogo, água, nuvens, plantas ou qualquer coisa que se movesse. A conclusão de que a folha cai da árvore, porque o espírito da folha ou da árvore fez com que ela se movesse, pode levar-nos a sorrir, mas o animismo foi importante como primeiro passo do homem no sentido de compreender a natureza.

Explicações semelhantes são dadas por crianças pequenas. Se a criança vê que as árvores se movem quando sopra o vento, ela pode chegar a acreditar que as árvores fazem o vento soprar; assim, ela está atribuindo volição às árvores. Embora sua premissa, e conseqüentemente suas conclusões sejam inexatas, ela está procurando causalidade, o que é também um primeiro passo muito importante.

Não é implausível inferir que o homem primitivo aceitou finalmente o ponto de vista antropomórfico de que seu comportamento, tanto quanto o de todos os animais, era explicado em termos de agentes interiores ou espíritos propositados. Da imobilidade depois da morte, por exemplo, presumia-se que o espírito havia partido. Este espírito ao qual faltam dimensões físicas veio a ser conhecido com a alma ou "psyche", em grego, palavra da qual a psicologia deriva seu nome.

Com o tempo, todo aspecto de comportamento foi atribuído a uma característica correspondente da mente ou pessoa interior. Para alguns, o homem interior era visto como dirigindo o corpo, mais ou menos da maneira como uma pessoa dirige um carro, e era dada considerável atenção à especulação sobre a natureza interior dessa pessoa, ou personalidade. Além disso, a maneira como a "mente" ou homem interior se relacionava com o corpo físico e suas ações, tornou-se importante ponto de partida para aqueles que procuravam respostas para a natureza do homem. As primeiras conjeturas sobre essa relação, foram registradas por filósofos, tornando-se posteriormente conhecidas como "problema de mente-corpo".

Gradualmente, no curso da investigação sobre a natureza do universo por antigos filósofos, surgiu a questão: "Como *podemos* saber?" Em outras palavras, como podemos ter certeza de que qualquer conhecimento é válido? Mais tarde essa preocupação com validade levou a indagações sobre a questão: "Como nós *sabemos*?" — processos de conhecimento. Muito cedo, filósofos distinguiram entre conhecimento adquirido pelos sentidos e conhecimento alcançado pela razão. Notaram também que conhecimento, é conhecimento *humano* e, portanto, influenciado pelas maneiras humanas de conhecer. A questão que surge em seguida é se qualquer modo humano de conceber o mundo pode ter validade objetiva; se a investigação sobre a natureza última da realidade não é, afinal de contas, absolutamente fútil.

Sócrates considerava o esforço fútil. Mas, acreditava que é possível obter uma espécie de conhecimento — conhecimento de si próprio. Esta espécie de conhecimento é necessária porque revela o dever do homem e lhe permite levar uma vida virtuosa. Sócrates acreditava que a virtude é o resultado de conhecimento e que o mal é fundamentalmente ignorância. Este é um caso antigo da crença em que o intelectual ou racional é dominante no homem e moralmente superior.

Platão, distinto discípulo de Sócrates, foi o primeiro a formular uma nítida distinção entre mente e matéria. Platão considerava as idéias como que reveladas pela razão, e, as coisas como reveladas pelos sentidos. Mas considerava as idéias muito mais reais do que o mundo conhecido pelos sentidos. Idéias, observou ele, têm uma perfeição nunca presente em coisas concretas. Parecia-lhe evidente que o permanente, perfeito, imutável e absoluto no reino de ideação, devia ser mais real do que os objetos perecíveis, mutáveis e imperfeitos. Ele pressupunha, portanto, um mundo de idéias e um mundo "real" revelado pelos sentidos, que é uma cópia imperfeita do primeiro. Platão não só distinguia mente de matéria, mas também associava os termos com conjuntos opostos de valores. A mente é boa e bela; a matéria é a parte mais baixa do homem e do universo — um ponto de vista que persistiu até os tempos presentes.

Aristóteles, discípulo e sucessor de Platão, não encontrava distinção nítida entre mente e matéria, ou forma e matéria, como dizia. Parecia-lhe que nenhuma existia em separado. A realidade concreta arranja-se em uma série, na qual é impossível indicar um ponto o qual seja de um lado matéria e de outro, forma (mente).

No mundo da natureza, Aristóteles achava que matéria e forma são relacionadas. O corpo existe por causa da alma, mas a alma só existe dentro e através do corpo. Em outras palavras, as atividades da alma são atividades de órgãos corporais. Portanto, ele considerava processos psicológicos particulares, como funções de estruturas físicas.

Através dos séculos, filósofos debateram longamente muitas questões que nos interessam, sobre a natureza do homem. Qual é a origem de conhecimento ou o conteúdo da mente? Quais são as diferenças entre o homem e outros animais? O homem tem a liberdade de escolha, ou todos os seus comportamentos são determinados por fatores sobre os quais não exerce o menor controle?

Procurando respostas para essas perguntas, muitos filósofos, e posteriormente psicólogos, alinharam-se a uma das duas posições dominantes a respeito da natureza do homem. Essas duas posições são hoje representadas nos pontos de vista que esboçamos no capítulo anterior — comportamentista e fenomenológico. Traçando o desenvolvimento moderno desses dois pontos de vista, considera-se geralmente que a linha de investigação crítica começa com René Descartes (1596-1650), filósofo, matemático e fisiologista. Logo depois da Renascença, quando as ciências físicas e biológicas avançavam firmemente, Descartes viu a necessidade de resolver o conflito entre ciência e dogma religioso. Embora essa tenha sido uma ambição que nunca realizou, ele desenvolveu sobre a natureza do homem, pontos de vista que iriam ter efeitos de longo alcance.

Ao funcionamento do corpo, ele se sentia ansioso por aplicar os princípios de física e sustentava que o corpo é uma máquina que opera de uma maneira determinada e legal. Embora só mais tarde a palavra "reflexo" tenha sido dada a esses movimentos, para Descartes as atividades de músculos e tendões, o processo de respiração e mesmo a sensação, podiam ser explicadas de acordo com princípios mecânicos. Como a teologia aceitava que animais não têm almas e assim são por definição autômatos, essa declaração devia também ser verdadeira em relação ao corpo humano quando considerado sem sua alma. Descartes via o homem, portanto, como composto de duas substâncias: uma alma racional, ou substância pensante, que tinha o poder de dirigir o curso mecânico de acontecimentos, e o corpo propriamente dito. A ação do corpo, embora sujeita à direção da alma, era considerada estritamente mecânica. A relação entre mente e corpo era de interação — o corpo afeta a mente e a mente afeta o corpo. Não obstante, a condenação oficial da igreja, ao contrário, essa posição tendia a satisfazer a necessidade ideológica da época no sentido de manter a "alma imortal", distinta do "corpo mortal".

Assim, Descartes resolveu a possível incompatibilidade de uma alma livre e um corpo mecanicamente operado, por meio de seu *dualismo*. Esta tentativa de resolver as questões filosóficas propostas anteriormente têm significação para nós, porque introduz noções que persistem até o presente a respeito da natureza do homem e da aquisição de conhecimento. Certas concepções decorrentes desse dualismo, precisam ser acentuadas.

Descartes distinguia o homem dos animais, principalmente em termos da posse pelo homem de uma alma livre, uma mente capaz de escolha. Fisicamente, o homem não é diferente de animais, cujos comportamentos são determinados mecanicamente de acordo com princípios físicos. Esta é uma declaração de liberdade contra o determinismo que perdurou como problema filosófico até o presente.

A psicologia científica, como foi mais tarde definida pelos comportamentistas, não teria sido estabelecida se a posição de Descartes tivesse sido permanentemente aceita. Agentes livres não se comportam de acordo com leis científicas. Se a mente fosse livre, afirmam eles, não poderíamos estudá-la ou estudar os processos mecanísticos do corpo, que estariam sob o caprichoso controle da mente. No final, todo psicólogo precisa reconciliar sua posição quanto a estas questões, pois se o comportamento é causado, a tarefa do psicólogo passa a ser a de procurar os fatores internos ou externos do organismo que podem servir para explicar o comportamento. Por outro lado, se o comportamento é caprichoso ou não é atribuível a fatores causais, a noção de uma ciência de psicologia, como é tradicionalmente definida, torna-se insustentável.

É importante também observar que Descartes acreditava na existência de idéias inatas, idéias não derivadas de experiência. Certas verdades (como a concepção de Deus, do eu, do espaço, do tempo, do movimento) que constituíam a base de todo conhecimento, eram inerentes à natureza do homem. É dentro deste contexto que a questão liberdade-determinismo realmente evoluiu. A afirmação de idéias inatas por Descartes tornou-se o ponto de partida de um longo debate, em última análise, conhecido como questão de natureza-educação ou hereditariedade-ambiente. Esta controvérsia pode ser classificada em dois sistemas de pensamento: *Nativismo* e *empirismo*.

Nativismo, na moderna terminologia, refere-se à hereditariedade, à composição genética de uma pessoa, transmitida por seus pais. Esforços contemporâneos foram dirigidos no sentido de determinar a extensão em que características humanas podem ser atribuídas à combinação de genes. Filósofos nativistas sustentam a opinião de que as disposições mentais do homem podem ser atribuídas a dote nativo. Assim, argumenta-se que o homem é basicamente bom ou mau, racional ou animalístico, ativo ou passivo em sua relação com seu meio. Nativismo, no seu extremo, é realmente uma psicologia de instinto que minimiza o papel do ambiente na determinação do comportamento do homem. As propriedades básicas do homem, sua inteligência, personalidade, motivos, percepções, emoções, não são concebidas como sujeitas a mudança qualitativa durante o período de vida, mas presume-se que existem pré-formadas no nascimento.

Empirismo, por outro lado, é a posição filosófica que considera as características do homem como conseqüências de experiência. A premissa básica da abordagem empírica é que as funções intelectuais, podem ser acentuadamente influenciadas pelos acontecimentos na vida de uma pessoa. Hoje nos referimos a esta posição como ambientalismo.

Embora Descartes não tenha posto em dúvida a existência de idéias inatas, a questão foi levantada por alguns de seus críticos. De fato, esta preocupação adquiriu tal importância que se tornou o ponto de partida de uma longa linha de investigação, conhecida como empirismo britânico.

Um dos primeiros desses críticos foi Thomas Hobbes, um contemporâneo mais idoso de Descartes. Refletia ele o modo de pensamento corrente em sua noção do "homem racional", a noção de que a conduta humana é dominada pela razão. O curso de ações humanas era visto como planejado e previsto, não determinado por acaso — dirigido finalmente, por considerações intelectuais em oposição a sentimentos não racionais, emoções e acontecimentos acidentais na vida. De interesse mais central para nossa discussão porém, é que Hobbes não tentou explicar a atividade humana de maneira naturalista. Seqüências de pensamento, por mais acidentais que possam parecer, são questões de lei natural. Assim como as idéias são determinadas por objetos atuando sobre os sentidos, as transições de uma idéia para outra são determinadas pelas relações que têm entre si na experiência original. Isto é, naturalmente, expressão de um princípio básico de associacionismo: uma idéia se segue à outra não por acaso, mas de acordo com lei. A psicologia de Hobbes era inteiramente mecânica, materialista e determinista.

Não foi Hobbes, porém, mas seu sucessor, o filósofo inglês John Locke (1632-1704), quem levantou a questão: "Como sabemos?" — que deu impulso ao empirismo britânico. Era à doutrina de idéias inatas de Descartes que Locke fazia as principais objeções. Em resposta à pergunta: Como adquirimos conhecimento a respeito do mundo ou como chegamos a saber — Locke respondeu que todo conhecimento chega a nós através de nossos sentidos. As idéias não eram inatas; provinham de experiência. Locke descreveu o intelecto do homem como sendo uma *tabula rasa*, uma folha em branco no nascimento, sobre a qual experiência sensória fazia suas marcas. Contudo, referia-se apenas à ausência de idéias no nascimento e não à completa ausência de todas as predisposições.

Sem dúvida, Locke foi influenciado pelo trabalho de Newton, que retratara o universo como composto de partículas de matéria existentes no espaço e tempo, e impelidas pela força, a movimento. Locke tentou explicar a mente através da combinação e interação de seus elementos. Toda vida mental era explicada através da redução do complexo ao simples.

Para Locke, *idéias* são unidades de mente, objetos de pensamento. Como a mente propriamente dita é separada do mundo de objetos, objetos percebidos são apenas idéias de objetos. Idéias são coisas que se expressam pelas palavras: brancura, movimento, homem, elefante. Hoje nos referimos a elas como conceitos ou ítens de conhecimento. Como idéias são elementos, a mente é capaz de análise dentro de idéias. A composição de idéias complexas com idéias simples é uma das operações da mente. Locke falava principalmente em conexões ou combinações de idéias, mas por ter usado ocasionalmente a palavra associação, esta se tornou conhecida como a doutrina de associação de Locke.

O germe de associacionismo pode ser encontrado já em Aristóteles. Observou ele que uma coisa faz a gente lembrar outra. Se *A* faz com que a gente se lembre de *B*, qual é a relação de *A* para *B*? Sua resposta é que a relação era às vezes de *similaridade* entre as duas, às vezes de *contraste* e às vezes de *contigüidade* (proximidade no tempo ou espaço). Mais tarde, essas relações foram chamadas de leis de associação. Para Locke as combinações em que sensações e imagens ocorrem juntas em nossa mente, são governadas pelas leis de associação. Por exemplo, se a sensação de vermelho ocorre freqüentemente junto com a de calor, posteriormente uma sensação de vermelho trará à mente uma idéia de calor e vice-versa. Por este raciocínio só objetos materiais afetam nossos sentidos e todas as idéias devem derivar-se deles. (Este ponto de vista é mencionado como materialismo ou filosofia materialista).

O empirista presumia, portanto, que nosso conhecimento do mundo das coisas e pessoas era construído de sensações, pedaço a pedaço.

Seguiu-se depois de Locke uma longa linhagem de filósofos que continuaram e desenvolveram a tradição de associacionismo. Qualquer que tenha sido a modificação introduzida ao longo do caminho, a principal linha de desenvolvimento foi uma tentativa de mostrar que, começando com elementos (idéias) e com o princípio geral de associação, é possível explicar todas as funções mentais, por mais complexas que sejam. Voltaremos aos associacionistas um pouco mais adiante.

A mais extremada das posições nativistas talvez tenha sido representada por Gottfried Leibnitz (1646-1716), contemporâneo de John Locke, a cujas opiniões ele se opunha. No sistema de Leibnitz o elemento de todo ser, simples ou complexo, físico ou mental era a *mônada*. Mônadas eram consideradas substâncias indivisíveis de que todos os corpos são feitos, dinâmicas, continuamente ativas e desenvolvendo-se de acordo com suas próprias leis. Não são susceptíveis de influência externa e não exercem efeito entre si; conseqüentemente, não são causas. Uma mônada é como um reló-

31

gio perfeitamente construído, indestrutível, com corda, e posto em movimento para sempre. Continua sem agentes externos, de acordo com leis de sua própria natureza. Dois relógios assim sempre concordam, mas nenhum deles é a causa do outro. A causa como algo mais do que coincidência, é ilusória. A harmonia existe na natureza porque harmonia existe nas leis de mônadas.

Como o corpo e a mente do homem representam aspectos diferentes, mas paralelos da mesma substância básica, operam de acordo com suas próprias leis interiores. A mente é uma entidade continuamente ativa, não impelida por acontecimentos externos ocasionais, mas puxada pela meta a longo prazo de sua própria perfeição última. O ser humano pode entrar no mundo, não com idéias plenamente formadas, mas com tendências e predisposições que tornam altamente provável o desenvolvimento de certas idéias. As determinantes interiores de comportamento são postas em destaque no sistema de Leibnitz.

Em seu livro *Becoming*, Gordon Allport interpreta a posição de Leibnitz da seguinte maneira:

> Para Leibnitz o intelecto era perpetuamente ativo por seu próprio direito, dedicando-se à solução racional de problemas e inclinado à manipulação de dados sensórios de acordo com sua própria natureza inerente. Para Locke o organismo era reativo quando estimulado; para Leibnitz era autopropelido... A tradição leibnitiziana... sustenta que a pessoa não é uma coleção de atos, nem simplesmente o local de atos; a pessoa é a fonte de atos. E a própria atividade não é concebida como agitação resultante de empurrões de estimulação interna ou externa. É intencional. Para compreender o que uma pessoa é, torna-se necessário sempre consultar o que ela pode ser no futuro, pois todo estado da pessoa é apontado na direção de possibilidades futuras.[1]

Vemos, portanto, nas filosofias de Locke e Leibnitz a formulação bastante clara de certas questões a respeito da natureza do homem e suas respostas contras-

tantes, que são representativas das tradições comportamentistas e fenomenológicas que se seguiram. Embora nem todas as questões em psicologia possam ser corretamente ordenadas em termos dessa dicotomia básica, como sugeriu Allport, "virtualmente todas as teorias psicológicas modernas parecem orientadas para uma das duas concepções polares."[2]
O homem é governado por dentro ou governado por fora? O homem é ativo e iniciador, ou meramente reativo à estimulação externa? Existe uma vontade livre, liberdade de escolha e autodeterminação, ou as ações do homem são determinadas "mecanicamente" em grande parte por influência causal em nosso ambiente?

A tradição que se iniciou com Locke desenvolveu-se da premissa de que o conhecimento provém de estimulação externa, de que o homem é um "receptor e transmissor" de informação. Aceitável para esse ponto de vista é a noção de causalidade, de determinismo — acontecimentos podem ser explicados em termos de seus antecedentes. Para Leibnitz, o conhecimento é derivado de dentro; o homem é um "gerador" de informação. A mente é ativa e livre de causalidade; eficácia causal em comportamento é atribuída à volição da pessoa.

Allport acentua que talvez por ser Locke um inglês, é que sua maneira de pensar se tornou tão firmemente estabelecida na Grã-Bretanha e Estados Unidos, ao passo que o ponto de vista de Leibnitz, desenvolvido mais tarde por Kant na Alemanha, prevaleceu geralmente no Continente Europeu.[3] Sem dúvida, nos Estados Unidos houve em psicologia uma orientação predominantemente ambientalista. Sempre houve vigorosos adversários de toda sugestão no sentido de que nossos genes podiam ter qualquer efeito determinante sobre inteligência, personalidade ou outras características psicológicas. Indubitavelmente, nossas atitudes políticas e sociais dominantes, foram importantes na modelagem da posição ambientalista. Como todos os homens são criados iguais, educação e reforma sócio-econômica, são as soluções para auto-realização. Essas metas são particularmente significativas se o homem é percebido como sendo quase infinitamente modificável. Este ponto de vista favoreceu o estudo da aprendizagem como uma área de problema em psicologia e o desenvolvimento de teoria de aprendizagem, fenômeno essencialmente americano.

Como para Locke, conhecimento era um produto de interação com o ambiente, seu pensamento abriu o caminho para que psicólogos e educadores dessem ênfase à educação ambiental e não à natureza hereditária. Na escola isto significava, mesmo no tempo de Locke, que os professores deviam construir mentes de crianças por um programa instrutivo sistemático.

Do ponto de vista psicológico, Locke partiu de dois movimentos. Uma linha de investigação crítica foi o ataque ao ponto de vista racional do homem, em psicologia. Este era um sistema de pensamento que sustentando um conhecimento da alma era baseado em intuições e deduções; seu conhecimento era demonstrável como absolutamente válido. O outro era um movimento mais positivo que levou a uma psicologia empírica em oposição à racional, mas que se tornou experimental. Este é conhecido como empirismo inglês, ponto de vista filosófico, segundo o qual a experiência é a única fonte de conhecimento.

Seguindo Locke, o filósofo inglês George Berkeley (1685-1753) acreditava que todo conhecimento era derivado de sensação e de nenhuma outra fonte. Solidez e todas as outras qualidades primárias só são conhecidas através de percepção. Uma maçã, por exemplo, é *toda* sensação e não é *nada mais* que sensação. Conseqüentemente, não existe substância material; nós só, conhecemos qualidades sensórias.

David Hume (1711-1776) pôs em dúvida tanto a existência do próprio pensamento quanto o princípio de causalidade. Quando tentava examinar o eu, nada encontrou além de percepções específicas como amor ou ódio, prazer ou dor, luz ou sombra, mas nada que correspondesse à individualidade. Igualmente, pôs de lado a noção de causalidade. Quando acompanhou uma idéia até as experiências das quais ela presumivelmente se derivara, não encontrou conexão ou causalidade necessária. Encontrou apenas contigüidade e sucessão. A única coisa que vemos é *A* seguido por *B*. Causalidade não é encontrada em lugar algum na experiência; é apenas produto da mente e não tem a menor validade objetiva.

O associacionismo britânico derivou-se do modo de pensamento que caracterizou Locke e seus sucessores. O associacionismo afirmava que aprendizagem e desenvolvimento de processos superiores, consistiam principalmente na combinação de elementos mentais supostamente irredutíveis. Hobbes, Locke, Berkeley e Hume, todos contribuíram, mas Daniel Hartley (1705-1757) formulou a doutrina básica. De acordo com Hartley, há duas ordens de acontecimentos a serem levados em conta; os mentais e os físicos. Essas duas ordens não são idênticas, mas correm paralelas entre si; uma mudança em uma é assim acompanhada por uma mudança na outra. Sensações e idéias são diretamente ligadas. A lei geral de associação é que se sensações foram freqüentemente experimentadas juntas, as idéias correspondentes tenderão a ocorrer juntas. Se *A* esteve associado a *B*, *C* e *D* em experiência sensória, a experiência sensória *A*, ocorrendo sozinha, tenderá a despertar a idéia de *B*, *C* e *D*.

Muitos outros filósofos seguiram essa tradição, mas a limitação do espaço impede nossa discussão de todos eles. Quaisquer que tenham sido as modificações introduzidas por outros associacionistas, o propósito principal era mostrar que, começando com idéia e com o princípio geral de associação, era possível explicar todas as funções mentais, por mais complexas que fossem. A principal preocupação desses homens era a tentativa de descobrir leis naturais em um mundo de acontecimentos naturais observáveis.

Seguindo Leibnitz, mencionado antes como representante do ponto de vista nativista, existe uma clara linhagem de sucessão na Alemanha.

O filósofo alemão Christian Wolff (1679-1754) representava dois hábitos de pensamento que precisaram ser desenraizados para que a psicologia se tornasse "científica". Um era que a psicologia racional tinha acesso direto à verdade e realidade de maneira acessível à ciência natural, que verdade a respeito da alma é atingível pelo exercício de pura razão. O outro, era a concepção inata de que a alma ou a mente é dotada por processos inatos, poderes ou faculdades que explicam os desempenhos específicos da mente. Esta corrente psicológica encontrou seu adversário mais eficiente na psicologia de Johann Friedrich Herbart, que a suplantou. Wolff propôs o ponto de vista de que a mente tem faculdades distintas. Os fatores básicos são conhecer, sentir e querer e a faculdade de conhecer é dividida em várias outras, incluindo percepção, imaginação, memória e razão pura. As faculdades estão presentes no nascimento e educação é o treinamento dessas faculdades através de exercício repetido. Por exemplo, querer é uma aptidão de executar efetivamente uma decisão que foi tomada. É fortalecida por trabalho manual, pela execução de tarefas desagradáveis ou pela feitura de coisas que não se deseja fazer. O uso de força e punição severa era apropriado para fortalecer a vontade e assim inibir tendências más.

Emmanuel Kant (1724-1804), em seu livro notavelmente influente, *Crítica da Razão Pura*, insistiu em que o mundo como o conhecemos é um mundo de ordem, mas essa ordem não pode ser derivada de experiência. Deve provir da própria mente, que, em lugar de refletir a ordem de nosso mundo externo, impõe suas próprias leis à natureza. Experiência, de acordo com Kant, é um produto de coisas como são em si próprias e da mente. A experiência começa quando coisas atuam sobre os sentidos, mas quando isso acontece é posta em ação uma complicada maquinaria que nos torna possível conhecer as coisas como elas são. Coisas em si próprias nunca podem ser conhecidas; só podem ser conhecidas como aparecem em experiência, influenciadas por nossos pensamentos. A natureza nunca pode ser descoberta; a realidade, como existe fora de nossa experiência, está sempre além de nosso alcance. É impossível conhecer a alma, como é impossível conhecer o mundo. Portanto, psicologia racional, afirmando ter conhecimento direto da alma é impossível.

O efeito de Kant sobre psicologia foi reafirmar o subjetivismo e a importância de fenômenos mentais que não podem ser reduzidos a processos do corpo. Depois de Kant era natural que o desenvolvimento de psicologia experimental na Alemanha se tornasse uma ciência de consciência. Na Inglaterra, Rússia e Estados Unidos era mais fácil para a psicologia tornar-se objetiva do que na Alemanha, que permanecia fiel à consciência, à experiência fenomenal.

Johann Friedrich Herbart (1776-1841) é mais conhecido como o pai da pedagogia científica, que se baseia em psicologia. Mas, além de ser um teórico educacional, ocupa também importante lugar na história da psicologia. A filosofia de Herbart deriva-se principalmente de Leibnitz. Acreditava ele que psicologia é uma ciência empírica, mas não experimental. Observação, não experiência, é o método da psicologia.

Talvez seja interessante notar neste ponto, que o termo "empírico" tem relação com experiência, mas em alemão a palavra tem duas significações, que eram comumente confundidas na tradução. Uma se refere à experiência presente, aquela que está imediatamente ali para o observador sem referência à sua origem. A outra se refere à acumulação de experiência passada. Para o fenomenologista, dados empíricos são experiência presente, principalmente, embora aceite a expe-

37

riência passada. Para o comportamentista a aquisição e acumulação de experiência é o foco. Assim, ambas as posições são empiricamente baseadas e, do ponto de vista de Herbart, ambas são científicas.

Como os associacionistas britânicos, Herbart dispôs-se a explicar os fenômenos mentais mais complexos em termos de idéias simples. Deu ênfase à idéia de inibição, assim como à de associação. Toda idéia tem a tendência de manter-se e expulsar idéias com as quais é incompatível; e idéias variam de força. Quando uma idéia encontra uma idéia ou grupo de idéias mais forte com o qual é incompatível, ela é empurrada para baixo do nível de consciência. A idéia não é destruída, mas persiste, embora no momento seja inconsciente. Uma idéia que é por si só fraca, pode conseguir admissão na consciência e conservar-se lá, se as idéias acima do limiar são congeniais com ela. Idéias já de posse do terreno, repelem regularmente idéias não congeniais; mas idéias desinibidas, seguindo a tendência de todas as idéias de subir para a consciência, são assimiladas pelas que estão na consciência na ocasião. A este processo, Herbart deu o nome de *apercepção* e o grupo de idéias no qual a idéia que entra é introduzida, tornou-se conhecido como *massa aperceptiva*. Durante algum tempo, em toda parte, professores foram informados dos cinco passos da técnica herbartiana, um método destinado a construir na mente do aluno uma massa aperceptiva conveniente para a recepção de novo material a ser apresentado.[4]

A crença de Herbart em uma psicologia científica fundada em experiência é uma opinião que persistiu até o presente. O fundamento metafísico de Herbart para psicologia, porém, não sobreviveu. A metafísica de Herbart levou-o a substituir *a priori* por generalizações, induções baseadas em observações. Depois disso ele não se mostrou disposto a recorrer à verificação experimental. Herbart representa, portanto, uma transição da especulação pura de Kant para a psicologia experimental de Wundt, que consideraremos em seguida.

Embora os problemas psicológicos de mente e de conhecimento tenham sido o domínio de filósofos, durante o século XIX a psicologia evoluiu como disciplina independente. Empirismo britânico e associacionismo constituíram a principal preparação filosófica para a psicologia científica. Não houve psicólogos "científicos" até bem depois de 1860. Entre 1800 e 1860, porém, houve fisiologistas e físicos que contribuíram para a psicologia através de seu estudo do sistema nervoso e da sensação. As ciências físicas puderam atribuir grande sucesso ao método experimental. A teoria atômica de matéria, á qual declarou que todas as substâncias complexas podiam ser analisadas em elementos componentes, foi apoiada por prova experimental. Como esses primeiros "psicólogos" científicos eram de fato fisiologistas e físicos, não é de surpreender que tenham aplicado os mesmos princípios e métodos aos problemas da psicologia. Era inevitável, talvez, que o conhecimento da fisiologia sobre o sistema nervoso tivesse significação especial para a psicologia. Locke e outros empiristas haviam desenvolvido muito antes o ponto de vista de que o conhecimento nos chega através de nossos sentidos. Posteriormente, os associacionistas procuraram os elementos de experiência — sensação. Os fisiologistas sensórios procuravam os processos corporais sob essas sensações. Procuravam o órgão receptor e as energias nervosas específicas correspondentes a cada sensação. Como nenhuma pudesse ser encontrada para formato, tamanho ou distância, presumiu-se que estas eram combinações de sensações mais básicas, formadas através de experiência passada, como sugeriram originariamente os filósofos empiristas. O trabalho do fisiologista sensório e do filósofo associacionista, convergiu para constituir a psicologia fisiológica experimental, estudo sistemático de elementos mentais e sua combinação.

A influência muito forte de Wilhelm Wundt (1832-1920) foi talvez importante fator determinante na modelagem da nova psicologia. O próprio Wundt estudava medicina e posteriormente se voltou para fisiologia e depois para psicologia. É costumeiro citar o estabelecimento da psicologia como ciência em 1879, quando Wundt fundou seu laboratório psicológico em Leipzig, na Alemanha. Contudo, em 1860, Gustav Fechner (1801-1887) publicou *Elementos de Psicofísica*, que é considerado por alguns como o marco do início da psicologia experimental.

Têm-se referido à psicologia de Wundt como estruturalismo, uma tentativa de estudar a estrutura da mente. Wundt e seus colegas procuraram elementos mentais nos quais pudessem ser analisados todos os conteúdos mentais. O elemento, pensavam eles, devia ser sensação, como verde, ácido, frio. A fim de procurar esses elementos e as regras para combiná-los, usaram um método conhecido como *introspecção*. Pacientes analisavam seu estado de percepção e relatavam os resultados dessa análise. Foram treinados a relatar o mais objetivamente possível o que experimentavam e ignorar as significações que haviam ficado associadas ao estímulo determinado. Previu-se que o conteúdo mental de uma experiência seria reconstruído a partir de sensações elementares.

A psicologia alemã, depois de Wundt, tornou-se o padrão para o resto da Europa e também para os Estados Unidos. Muitos psicólogos americanos receberam seu treinamento com Wundt. Mas a espécie de psicologia de Wundt nunca foi completamente aceita nos Estados Unidos por uma série de razões. Os europeus não estavam interessados em psicologia aplicada, ao passo que os psicólogos americanos estavam muito preocupados com as aplicações práticas da psicologia. Para eles, a espécie prevalescente de psicologia era vaga, estéril e não levava a coisa alguma. Outros psicólogos faziam objeção ao sabor subjetivo e mentalístico do estruturalismo e aos métodos que ele utilizava. Das insatisfações surgiram muitos movimentos novos, cada um dos quais definindo seu conteúdo e metodologia, e na maioria dos aspectos ampliadas as diferenças filosóficas. Um desses sistemas, conhecido como behaviorismo segue a tradição lockeana e será descrito no Capítulo 3. Outro, que será examinado no Capítulo 6, está mais intimamente identificado com a tradição leibnitiziana e é conhecido como psicologia da Gestalt ou fenomenologia.

Partindo deste exame do lastro filosófico da psicologia, demos ênfase à emergência de duas concepções contrastantes a respeito do homem e das fontes de conhecimento. De um lado, aquelas identificadas com a tradição lockeana, consideram a mente como uma folha em branco da natureza. Não são as predisposições genéticas tanto quanto o que acontece ao organismo que determinam seu comportamento e suas características. Conseqüentemente, prevalece uma orientação ambientalista. Além disso, existe predisposição para explicar funções mentais complexas através da combinação e interação de elementos para reduzir as unidades grandes ou molares a unidades que são pequenas e moleculares. Principalmente através dos esforços de Wundt, a psicologia foi estabelecida imitando os objetivos e práticas das ciências naturais — embora houvesse predisposição para fazê-lo desde os tempos de Locke. Embora a matéria da nova ciência fosse experiência consciente e seu método introspectivo, a tradição lockeana era claramente dominante no fim do século XIX.

A tradição leibnitziana, por outro lado, estabeleceu o ponto de vista de que o conhecimento é derivado de dentro — que o homem gera conhecimento. O homem é ativo, livre de causalidade e determinador de seu próprio destino. A natureza nunca pode ser descoberta, pois a realidade, tal como existe fora de nossa experiência, está sempre além de nosso alcance. A experiência presente tem precedência como dado empírico sobre acumulação e aquisição de experiências. Para aqueles identificados com esta tradição, sua objeção à identificação de psicologia com ciências naturais surge principalmente por acreditarem que as presunções das ciências naturais são inapropriadas para o estudo do homem.

Nos capítulos que se seguem, focalizaremos nossa atenção sobre os desenvolvimentos mais contemporâneos segundo essas tradições e sua significação para a educação.

Parte II

B. F. SKINNER

UMA PSICOLOGIA CIENTÍFICA

Em uma apreciação de presidentes departamentais de universidades americanas, Skinner, da Harvard, foi escolhido por enorme maioria como a figura mais influente da psicologia moderna. Conjeturou-se que ele será conhecido como o principal contribuinte para a psicologia neste século. Sem dúvida, é a figura contemporânea mais controvertida na psicologia de hoje.

A contribuição de Skinner consiste em grande parte no desenvolvimento do estudo do comportamento como ciência objetiva. Através de experiências com animais de laboratório, com reforço positivo e negativo, ele aprendeu a predizer e controlar o comportamento dos animais. A "caixa de Skinner", aparelho no qual foram realizadas as experiências, é agora equipamento padronizado na maioria dos laboratórios de psicologia.

Suas contribuições não se limitam à psicologia científica. De seu relato fictício de uma sociedade utópica baseada no controle científico de comportamento humano, Walden Two,[1] foram vendidos quase meio milhão de exemplares. Seu último livro, Beyond Freedom and Dignity,[2] descrito como versão não fictícia de Walden Two, transmite a mensagem de que não podemos mais dar-nos ao luxo de liberdade e por isso ela deve ser substituída pelo controle sobre o homem, sua conduta e sua cultura. Esta tese explica em parte o alarma e cólera que a atual popularidade de Skinner provoca em seus oponentes.

O desenvolvimento de seu primeiro aparelho para instrução programada pode estar levando ao que muitos especialistas chamam de revolução na educação americana. Quase todos os educadores estão hoje familiarizados com as máquinas de ensinar, inspiradas por Skinner.

Embora suas contribuições à psicologia lhe tenham trazido o respeito de cientistas em todo o mundo, também lhe trouxeram a inimizade de humanistas e psicanalistas. Ele é visto por alguns, como o arquétipo do cientista frio para quem o homem é simplesmente uma máquina que pode ser treinada a fazer sua vontade.

É duvidoso que algum educador não tenha sido afetado pelo trabalho e pelas opiniões de Skinner. Práticas escolares foram influenciadas pelos princípios de condicionamento operante; conscientemente ou não, professores aplicaram esses princípios na sala de aulas — no mais das vezes, casualmente e incoerentemente pelos padrões de Skinner. Em vista de sua forte influência atual, tanto em psicologia como em educação, uma descrição bastante completa do sistema de Skinner é apresentada nas páginas que se seguem.

A compreensão de sua posição, segundo parece, pode ser vastamente facilitada pela descrição de alguns antecedentes apropriados. Embora seja presunçoso sugerir influências específicas sobre o dr. Skinner, o trabalho de diversas pessoas que o precederam tem similaridades suficientes com seus esforços para justificar sua inclusão aqui: Thorndike e o conexionismo, Pavlov e o condicionamento clássico, Watson e o behaviorismo, são descritos brevemente no Capítulo 3, juntamente com algumas opiniões de Skinner a respeito de uma "ciência de comportamento humano". Como os leitores verão, a Parte II desenvolve a tradição associacionista e ambientalista lockeana, tal como é expressa no trabalho de psicólogos mais contemporâneos.

O Capítulo 4, descreve com alguns detalhes, a concepção de Skinner sobre o processo de aprendizagem e o Capítulo 5 apresenta algumas implicações educacionais de seu trabalho.

CAPÍTULO 3

Antecedentes Históricos e Filosóficos

Uma das maiores contribuições de B. F. Skinner é sua análise experimental das conseqüências de comportamento e da maneira como elas podem mudar a possibilidade de que o comportamento que as produziu ocorra novamente. Muitas palavras da língua inglesa, como "reward" e "punishment", referem-se a esse efeito.

"Rewards" (recompensas) e "punishments" (punições), como reguladores de conduta humana, têm uma longa história. Muitas de nossas práticas educacionais, sociais e legais, são baseadas na previsão de que o comportamento é modificado por conseqüências recompensadoras ou punitivas. Geralmente se prevê que ações seguidas por recompensas são fortalecidas, enquanto ações seguidas por punição são enfraquecidas ou extintas. A investigação experimental desta suposição, porém, foi realizada pela primeira vez mais ou menos em 1898 por Edward L. Thorndike (1874-1949).

Thorndike e o conexionismo

Thorndike, talvez mais do que qualquer outra pessoa, fez da aprendizagem, particularmente aprendizagem por conseqüências recompensadoras, um conceito central em psicologia. Os princípios e conceitos que desenvolveu depois de quase 50 anos de pesquisa foram inquestionavelmente uma importante influência, não só sobre a psicologia de aprendizagem, mas também sobre práticas educacionais.

Várias correntes de influência podem ser identificadas no trabalho de Thorndike (assim como no de Pavlov e Watson). Claramente entre elas estão (1) a teoria evolucionista de Darwin e estudos de comportamento animal que se seguiram, e (2) a tradição associacionista.

O estudo psicológico de animais resultou em parte, do interesse de fisiologistas pelos órgãos dos sentidos e pelo comportamento de várias espécies de animais. Com base em seu trabalho sobre o sistema nervoso, Pierre Flourens propôs que conclusões tiradas de experimentação com animais deveriam ser igualmente aplicáveis ao homem. Este ponto de vista adquiriu ampla aceitação porque era muito mais conveniente experimentar com animais do que com seres humanos. Mas sua principal significação reside, talvez, na inferência de que descobertas de estudos animais podem ser usadas para explicar o comportamento humano.

O maior impulso, porém, talvez tenha vindo de Darwin e da teoria da evolução. Se existe continuidade entre o homem e todos os outros animais no que se refere à estrutura corporal, não é plausível presumir parentesco com respeito a atributos mentais ou emocionais? Além disso, se nossas características físicas evoluíram de algum ancestral animal primitivo, não poderiam nossas características mentais terem-se desenvolvido de uma mente animal primitiva?

Tais conjeturas provocaram acalorada oposição de teólogos e do homem comum, que se considerava muito diferente de animais e vastamente superior a eles. Enquanto o comportamento animal era considerado como sendo guiado por instinto, o comportamento do homem era considerado racional — guiado pela razão.

Os primeiros evolucionistas coletaram exemplos de comportamento animal que pareciam depender de raciocínio e um vasto repertório de tais casos foi desenvolvido. Infelizmente, as únicas alternativas consideradas para aplicar comportamento animal eram instintos ou raciocínio. Coube a Thorndike e seus contemporâneos incluir a escolha mais larga entre instinto e aprendizagem.

Entretanto, fora sugerido anteriormente, por Wundt na Alemanha, e por Lloyd Morgan, na Inglaterra, estudo experimental da aprendizagem animal, pois ambos haviam realizado algumas experiências e rejeitado a noção de raciocínio, pelo menos em cães. Wundt concluiu que cães aprendiam formando associações simples; e Morgan, que a aprendizagem era atribuível à tentativa e erro. Como em nenhum dos casos os fatos do comportamento animal podiam ser explicados, sem prever processos mentais superiores, ambos recomendaram o que é conhecido como *Lei da parcimônia*. A lei de Morgan, como foi chamada, declara que em nenhum caso podemos interpretar uma ação como resultado de um processo mental superior, se puder ser interpretada como resultado de um processo que fica mais baixo na escala psicológica.

Explicações antropomórficas de comportamento animal ainda persistem na comunidade não científica. Com referência, imaginamos explicações grandiosas para o comportamento de nossos animais de estimação. Afeição é atribuída ao gato que pula para nosso colo, quando uma explicação mais parcimoniosa talvez seja a de que nosso corpo proporciona calor e ele está com frio.

O palco foi preparado por Wundt e Morgan. Os fatos observados apontando indícios de conhecimento, podiam ser explicados de outras maneiras, nas quais não era necessária a previsão de processos de pensamento interior. Thorndike convenceu-se de que o comportamento animal tinha pouca mediação de idéias, de processos mentais e focalizou seus esforços em uma explicação alternativa — aprendizagem.

A segunda influência importante no trabalho de Thorndike foi sem dúvida a tradição associacionista.

Thorndike presumiu que a aprendizagem é a formação de laços associativos, ou *conexões*, o processo de ligação de acontecimentos físicos e mentais, em várias combinações. Os acontecimentos físicos eram estímulos e respostas, e os acontecimentos mentais eram coisas sentidas ou percebidas. Aprendizagem é o processo de selecionar e associar essas unidades físicas e mentais. Mas, fiel à tradição associacionista, este processo era passivo, mecânico, automático. Dizia-se que respostas eram dadas diretamente à situação como era sentida. Embora Thorndike preferisse os termos "selecionar e associar", os termos "tentativa e erro" popularizaram-se e encontraram lugar nos vocabulários de educadores e psicólogos. Thorndike ficou impressionado pela natureza característica de "estímulo e resposta" no comportamento de seus pacientes experimentais. Concluiu que a aprendizagem era principalmente uma questão de gravar respostas corretas e eliminar respostas incorretas, como resultado de suas conseqüências agradáveis ou desagradáveis, isto é, recompensas ou punições. A esse gravar e eliminar, deu o nome de conseqüências da Lei de Efeito. Esta lei foi estabelecida em sua famosa pesquisa com gatos e caixas de quebra-cabeça.

Thorndike preparou essas caixas para gatos, às quais o animal era confinado e da qual podia escapar unhando uma corda, empurrando um carretel ou mesmo fazendo três coisas diferentes. Geralmente o gato passava por um longo processo de andar de um lado para o outro, unhando os lados da caixa dando outras respostas, antes de dar a resposta apropriada que levava à fuga. Thorndike traçou curvas de aprendizagem, mostrando quanto tempo o gato levava para sair em cada tentativa. Em tentativas sucessivas, os gatos demoraram cada vez menos tempo para sair. Contudo, a melhora foi gradual. Isso levou Thorndike a concluir que a aprendizagem envolvia uma gravação gradual nas conexões estímulo-resposta entre ver a corda e puxá-la. Os animais aprendiam por tentativa e erro, e sucesso acidental, não pela inteligente compreensão da relação entre puxar a corda e abrir a porta. Era claro que o sucesso correto, embora viesse depois do movimento, fazia com que este fosse aprendido. Traços do passado eram gravados de modo que o passado pudesse daí para frente, ocorrer mais prontamente.

Além das leis de associação, que sem dúvida influenciaram fortemente Thorndike, associacionistas referiam-se à aprendizagem por ensaio e erro, reflexos e instintos como base de hábitos, e ao princípio hedonístico. O último foi particularmente significativo na formulação da Lei de Efeito.

Hedonismo, — teoria à qual a ação humana tem origem no desejo (vontade) do homem em obter prazer e evitar a dor — deixou de satisfazer o psicólogo experimental, dada a dificuldade em definir o que poderia ser agradável ou desagradável (doloroso) em determinados organismos. Além disso, é difícil demonstrar como alguma coisa no futuro terá influência sobre o comportamento de animais. Isto seria atribuir processos de pensamento a animais, violando assim a lei de parcimônia. Postulando que as conseqüências dos atos de um animal reforçam os atos a que se seguem, evita-se o problema de teleologia (procurar explicações de comportamento por referência a situações futuras). Uma resposta que foi reforçada através da Lei de Efeito tem maior probabilidade de ocorrer semelhantemente em situações posteriores. Nenhuma referência precisa ser feita a objetivos ou futuros eventos. O propósito deve empurrar, não puxar. Reside dentro do organismo, não no futuro ou fora dele.

Este problema de motivação continua sendo um dos aspectos mais diferenciadores entre várias teorias psicológicas. Devemos limitar nosso conceito de motivos a impulsos e recompensas ou reforços a uma abordagem essencialmente mecânica? Ou devemos incluir o conceito de intencionalidade e busca de objetivo, um processo de pensamento mais complexo e, conseqüentemente, uma explicação menos parcimoniosa, para explicar a motivação do homem e outros animais?

Embora o trabalho inicial de Thorndike tratasse da natureza de aprendizagem animal, mais tarde ele aplicou os princípios derivados de estudos animais a problemas de aprendizagem humana. Estava convencionado de que as leis fundamentais de aprendizagem se mantinham verdadeiras, apesar das largas diferenças entre as espécies. Se uma alternativa para raciocínio em animais, pudesse ser encontrada, poderia o mesmo princípio ser aplicado ao comportamento humano? Se processos de pensamento não eram necessários para explicar o comportamento de gatos, precisavam eles ser usados para explicar a ação humana?

Uma comparação entre as curvas de aprendizagem de pacientes humanos e aquelas de animais, levou-o a acreditar que os mesmos fenômenos essencialmente mecânicos revelados pela aprendizagem animal são os elementos fundamentais também da aprendizagem humana. Embora consciente da sutileza e alcance da aprendizagem humana, demonstrou forte preferência pela compreensão de aprendizagem mais complexa para a mais simples e identificação das formas mais simples de aprendizagem humana com a de animais.

Quando Thorndike iniciou seu trabalho experimental sobre aprendizagem, duas teorias influentes haviam deixado sua marca no pensamento educacional e ambas foram atacadas por ele. Uma era a teoria desenvolvimentista de G. Stanley Hall (1846-1924), que era um evolucionista e acreditava que o desenvolvimento do indivíduo recapitula a evolução da raça. A educação, de acordo com Hall, devia ser atrelada a esses ciclos de desenvolvimento racial. As concepções básicas de Hall acentuavam a importância de hereditariedade, que limitava o poder da educação no sentido de mudar o homem. Em uma época na qual o país estava começando a aceitar a noção de que o progresso social dependia de educação, a noção de tendências determinantes hereditárias era inaceitável. Conseqüentemente, a teoria de aprendizagem de Thorndike — idéia que atraia —, foi bem recebida por teóricos educacionais e sociais, pois apoiava-se no conceito de que o homem era sempre, infinitamente modificável. Embora Thorndike aceitasse tendências instintivas no homem, como a maioria das pessoas em sua época, procurava tornar claro que essas tendências podiam ser suplementadas, redirigidas ou mesmo invertidas através de aprendizagem. A capacidade de aprender é parte da natureza do organismo.

A outra teoria prevalecente que Thorndike demoliu foi a teoria de disciplina formal de educação. De acordo com essa doutrina, educação é um processo de disciplinar ou treinar mentes. As faculdades mentais são fortalecidas por exercícios, de maneira muito semelhante àquela como exercitamos nossos músculos. Os defensores de latim e grego ou matemática formal, tentavam justificar o ensino dessas matérias nas escolas, com base no fato de serem as melhores matérias para fortalecer faculdades como memória e raciocínio. As experiências de Thorndike tentaram demonstrar a falácia existente na teoria de disciplina formal que aceitava tal transferência. A transferência de aprendizagem, ocorre quando em determinada situação influencia aprendizagem e desempenho em outras situações. Para Thorndike a transferência só ocorre à medida em que existem elementos idênticos em duas situações. Podem ser identidades de substância ou procedimento. A aptidão para falar e escrever é importante em muitas tarefas na vida; a transferência será efetuada em diferentes situações, mesmo que a substância seja diferente, havendo procedimentos em comum. Se uma atividade é aprendida mais facilmente porque outra atividade foi aprendida primeiro, é porque as duas se sobrepõem parcialmente. A aprendizagem é sempre específica, nunca genérica. Quando parece ser genérica, é apenas porque novas situações contêm muito de situações velhas.

Escolas são publicamente sustentadas, na esperança de que serão feitos usos mais genéricos do que o aprendido na escola. Até certo ponto todo ensino escolar tem como meta uma espécie de transferência além da escola. A teoria de transferência de Thorndike levou a um currículo muito específico e prático nas escolas. Professores deviam ensinar para transferência. O programa escolar devia incluir o máximo possível de tarefas de aprendizagem que contribuíssem para efetivo desempenho fora da escola.

Parte da atração de Thorndike pode ser atribuída à natureza quantitativa de seu sistema. A ciência adquirira uma forte posição e uma psicologia de aprendizagem que aceitava que "tudo quanto existe, existe em uma quantidade e é portanto, mensurável", estava fadada a encontrar apoio. Mas, Thorndike estava interessado em escolas e problemas escolares, e em diferenças individuais. Tentou mostrar a educadores o que a psicologia tinha a oferecer. Como a aprendizagem é conetiva, o ensino é o arranjo de situações que levam a laços apropriados e os tornam recompensadores. O estímulo e resposta devem ser distinguidos a fim de que sua conexão possa ser realizada.

Na época em que Thorndike realizava suas primeiras experiências e demonstrava o que chamou de Lei de Efeito, Pavlov, na Rússia, trabalhando com cães, estabelecia indícios para o princípio comparável que chamou de reforço. Esta é uma ilustração da descoberta simultânea, mas independente, que com muita freqüência ocorre na ciência.

Pavlov e o condicionamento clássico

A doutrina de associação, fora a base para explicar memórias e como uma idéia leva à outra. Aristóteles proporcionara a lei básica, associação por contigüidade. Lembramos de alguma coisa porque no passado experimentamos essa alguma coisa junto com alguma outra coisa. Ver uma espingarda pode fazer com que a pessoa se lembre de um homicídio ou de uma experiência de caça no Wyoming, dependendo de sua história passada. Quando ouvimos a palavra "mesa" provavelmente pensamos em "cadeira". "Cenouras" faz com que a gente pense em "ervilhas"; "pão" faz a gente pensar em "manteiga"; e assim por diante. Em cada caso, os dois itens foram experimentados contiguamente pela pessoa — no mesmo lugar ou ao mesmo tempo ou ambos. Hoje, os termos estímulo e resposta são usados para descrever duas unidades que foram associadas por contigüidade.

Condicionamento clássico é uma expressão da doutrina de associação baseada na pesquisa de laboratório do fisiologista russo Ivan P. Pavlov (1849-1936). Para Pavlov, o processo de aprendizagem consistia na formação de uma associação entre um estímulo e uma resposta aprendida através de contigüidade. Um estímulo é considerado uma mudança de energia no ambiente à qual um organismo reage e é geralmente simbolizado como S. O reflexo ou resposta é simbolizado por R. Para Pavlov, a aprendizagem envolve alguma espécie de conexão no sistema nervoso central entre um S e um R. Essencialmente, o que acontece no condicionamento é que um estímulo é substituído por outro. Isto é freqüentemente mencionado como processo de substituição de estímulo. Examinemos o processo mais minuciosamente.

Todos nós sabemos que certos estímulos automaticamente produzem ou extraem respostas bastante específicas, que chamamos de *reflexos*. Parece não ser necessária aprendizagem prévia para comportamentos como espirro, tosse, dilatação e contração da pupila do olho, transpiração... Numerosos reflexos foram identificados em crianças logo depois do nascimento. Alguns desaparecem e outros aparecem mais tarde na vida.

Pode-se também observar que às vezes o reflexo ocorre em resposta a estímulo que parece estar apenas indiretamente relacionado à resposta. Talvez o mais comum seja a salivação ao cheiro de comida, como bacon frigindo, ou à vista de um bife chiando. Pavlov fez extenso uso do reflexo salivar em seus estudos pioneiros sobre esse fenômeno. Seu trabalho influenciou profundamente o desenvolvimento da teoria de aprendizagem nos Estados Unidos.

Estudando secreções gástricas em cães, Pavlov inventou um aparelho para colher e medir a saliva segregada pelos cães em resposta a alimento colocado em sua boca. Notou incidentalmente, que os cães começavam a salivar antes que a comida chegasse realmente à sua boca. À vista do prato de comida, à aproximação de um atendente ou mesmo o som de passos, tornaram suficientes para provocar salivação. Pavlov reconheceu que à vista do prato de comida e outros estímulos, passaram através da experiência a ser um sinal para o cão de que se seguiria alimento. Decidiu estudar sistematicamente essa reação, que chamou de *reflexo condicionado*. O processo que empregou é hoje chamado condicionamento clássico.

A ilustração dessa espécie de experiência, freqüentemente citada, consistia em treinar o cão para salivar ao som de um diapasão. O cão era seguramente amarrado ao aparelho e os estímulos no laboratório eram cuidadosamente controlados. O diapasão era tocado na presença do cão, para se ter certeza de que ele não salivava ao ouvir o som antes do condicionamento. O som do diapasão era apresentado ao cão e, segundos depois, carne em pó era forçada através de um tubo para dentro de sua boca, produzindo o reflexo normal, ou seja, o fluxo de saliva. Este processo exato foi repetido diversas vezes. Depois de várias dessas repetições, a saliva começou a fluir ao som do diapasão sem apresentação da carne em pó. Essa era a resposta condicionada. Um estímulo anteriormente neutro, adquirira o poder de extrair uma resposta que era originariamente extraída por outro estímulo. A mudança ocorreu quando o estímulo neutro foi seguido ou "reforçado" pelo estímulo efetivo, a carne em pó.

A fim de estabelecer a resposta condicionada de modo que fosse avaliável dia a dia, foram necessários dias de condicionamento. Uma vez estabelecida, porém, foi conservada durante um longo período de desuso. Uma das importantes descobertas de Pavlov foi a *extinção* da resposta condicionada. Uma resposta condicionada bem estabelecida podia ser extinta, pela apresentação do som diversas vezes, sem recebimento de carne em pó; o fluxo de saliva declinava a cada repetição até desaparecer completamente. Se durante o condicionamento o som se tornara um sinal de que o alimento estava vindo, durante a extinção tornou-se um sinal de que nenhum alimento estava vindo. Em condições de extinção, o cão tornou-se visivelmente sonolento, em oposição à sua anterior prontidão para ação. Tal extinção não foi considerada por Pavlov como uma perda ou esquecimento permanente, porque depois de um intervalo de descanso, o cão salivava novamente ao ouvir o som. Isso foi chamado *recuperação espontânea*. Com o tempo, porém, a recuperação espontânea no ciclo ocorria cada vez menos, e finalmente a resposta não era mais recuperada.

Pavlov descobriu também, que depois de estabelecido um reflexo condicionado a determinado tom, uma resposta condicionada se transferira em certa medida para um tom de outra altura. O estímulo condicionado efetivo parecia generalizar-se dentro de limites, a estímulos semelhantes. Quanto menos semelhante era o novo estímulo do original, porém, mais fraca a resposta condicionada. O princípio de generalização é conhecido por todos nós. Não precisamos ser ensinados especificamente para reconhecer cada diferente modelo e ano de automóvel como automóvel; nem temos dificuldade para reconhecer uma mercearia específica, embora nunca a tivéssemos visto. Mesmo crianças compreendem o princípio de generalização como baseado em experiência anterior com estímulos semelhantes.

Outra importante descoberta de Pavlov foi que era obtida *diferenciação* (ou discriminação) *de estímulo* quando ele dava carne em pó junto com um estímulo, mas não com outros estímulos semelhantes. Um cão que salivava diante de um metrônomo a 100 batidas por minuto, também salivava a 80 e 120 batidas por minuto, como a generalização de estímulo nos levaria a esperar. Dando carne em pó com 100 batidas por minuto, mas não com os estímulos de 80 ou 120 batidas, ocorria diferenciação. O cão continuava a responder a 100 batidas por minuto, enquanto a resposta condicionada aos outros estímulos, se extinguia.

Se as exigências de diferenciação se tornavam delicadas demais para o cão, como tentar estabelecer distinção entre 95 e 100 batidas por minuto, via-se desenvolver um estado que Pavlov chamou de *neurose experimental*. O cão tornava-se visivelmente perturbado e respondia a esmo a qualquer dos estímulos. O comportamento descontrolado reaparecia sempre que o cão voltava ao aparelho.

Os aspectos importantes da teoria pavloviana são essencialmente aqueles que foram descritos. É possível que os princípios de condicionamento de Pavlov se apliquem principalmente a respostas emocionais. Se isto é verdadeiro, como todo comportamento parece incluir concomitantes emocionais em certo grau, os princípios pavlovianos aplicam-se ao grau em que somos "emocionalmente envolvidos". As pessoas são, em geral, condicionadas a responder favoravelmente ou desfavoravelmente a qualquer coisa que possa funcionar como estímulo. É possível que nossos interesses e preferências, nossos temores, ódios e amores, e mesmo a significação conotativa de palavras sejam adquiridos através de condicionamento clássico. Ainda existe considerável controvérsia e muito mais pesquisa é necessária para firmar esta explicação de aprendizagem afetiva. O leitor interessado é encorajado a procurar mais informação nesta área.

Watson e o behaviorismo

Apesar de Wilhelm Wundt ter sido proclamado anos antes, o fundador da "psicologia fisiológica" e ter escrito sobre a questão do sistema nervoso, sua psicologia era em grande parte mentalista. Sua influência levou à redução de interesse pelo corpo na psicologia. Foi muito mais tarde que psicólogos, principalmente nos Estados Unidos, começaram a insistir para que o corpo fosse introduzido de novo na psicologia. Estes psicólogos argumentavam que a psicologia só poderia tornar-se verdadeira ciência, se mudasse seu foco de experiência consciente para o estudo do comportamento. Acreditavam eles que a experiência psicológica é conhecimento privado que não pode ser observado e verificado por outros, e conseqüentemente fica fora do reino da ciência. Os acontecimentos intangíveis de consciência como são relatados por métodos introspectivos, pareciam muito pouco científicos, e para numerosos psicólogos, era muito importante que a psicologia se tornasse uma ciência reconhecida. Cientistas geralmente se interessam por indícios que sejam publicamente verificáveis: em outras palavras, dados que estejam abertos à observação de outros, que sejam estudados da mesma maneira por diversos pesquisadores e que levem a conclusões uniformes. O principal porta-voz desta espécie de psicologia, que se tornou conhecida como behaviorismo, foi John B. Watson (1878-1958).

Behaviorismo como sistema de psicologia foi pela primeira vez anunciado por Watson, em um artigo intitulado *A Psicologia como o behaviorista a vê*, publicado em 1913. Quando lecionava na Universidade Johns Hopkins, sentiu-se descontente com a psicologia como ciência de experiência consciente. Seu campo de pesquisa era a psicologia animal. Reconhecia-se desde muito tempo antes que não era possível observar diretamente consciência em animais nem provar logicamente sua existência. No entanto, era possível estudar e aprender muita coisa a respeito de animais, simplesmente observando seu comportamento. Psicólogos tradicionais consideravam sem importância a pesquisa animal e aprendizagem e solução de problemas. Watson, assumindo a ofensiva, afirmou que a pesquisa animal não introspectiva, não mentalista, era a única pesquisa verdadeira. Além disso, como era possível dispensar consciência animal, ele acreditava que a mesma abordagem podia ser usada com seres humanos — abolindo a experiência consciente e estudando o comportamento humano. Assim, foi Watson quem fez a primeira proposta clara para que a psicologia fosse considerada simplesmente como ciência de comportamento.

O comportamento humano devia ser estudado objetivamente. Como a consciência não era objetiva, não era cientificamente válida e não podia ser estudada. Por comportamento (behavior), Watson entendia os movimentos de músculos e atividades de glândulas. Para ele, o pensamento, por exemplo, só podia ser estudado como movimento da garganta, pois pensamento para ele era simplesmente fala subvocal. Sentimentos e emoções igualmente eram movimentos das vísceras. Assim, Watson punha de lado todo mentalismo em favor de uma ciência de comportamento puramente objetiva.

Além de rejeitar o estudo de consciência, Watson atacou veementemente a análise de motivação em termos de instintos. Na época em que começou sua carreira, era quase comum "explicar" qualquer forma de comportamento — tanto humano quanto animal — como devido a determinado instinto. O comportamento social era atribuído a um instinto gregário, luta a um instinto de agressividade, cuidado com criança a um instinto maternal e assim por diante. Presumia-se que esses instintos eram inatos. Watson objetou tanto à natureza mentalista de instintos quanto à afirmação de que tal comportamento era inato. Nós não nascemos com comportamento social — aprendemo-lo. Watson negou que nascemos com quaisquer aptidões mentais, traços de personalidade ou predisposições determinadas. Herdamos apenas nossa estrutura física e uns poucos reflexos, e todas as demais diferenças entre nós são atribuídas à aprendizagem.

Assim, Watson deu forte apoio à posição ambientalista: a natureza humana para ele é grandemente sujeita a mudanças e praticamente não há limite para o que o homem pode tornar-se.

A psicologia de Watson seguia certamente a tradição da filosofia empírica de John Locke e era claramente influenciada pela psicologia fisiológica de Ivan Pavlov. Quando ficou conhecendo o trabalho de Pavlov, Watson aceitou rapidamente o condicionamento clássico como explicação para toda aprendizagem. Nascemos com certas conexões de estímulo-resposta chamados reflexos. Criamos uma legião de novas conexões de estímulo-resposta pelo processo de condicionamento. Comportamentos mais complexos são aprendidos, criando-se uma série de reflexos. Andando, por exemplo, todas as respostas, como por um pé à frente, descansar o peso do corpo sobre aquele pé, balançar o outro pé para a frente e assim por diante, são reflexos separados que, ocorrendo na seqüência apropriada, constituem um desempenho competente.

Watson aceitava três padrões de reação emocional como inatos — medo, cólera e amor. Estes são semelhantes a reflexos e todas as outras reações emocionais são aprendidas em associação com eles. Referem-se a padrões de movimento, não sentimentos conscientes. A aprendizagem emocional envolve o condicionamento a novos estímulos desses três padrões de resposta emocional. O condicionamento de uma resposta de medo foi demonstrado na famosa experiência de Watson e Raynor com Albert, de 11 meses de idade. Foi apresentada a Albert uma variedade de animais — entre os quais ratos brancos — para demonstrar que não existia uma resposta inata de medo a eles. Depois, na presença de um rato branco, um alto ruído foi apresentado a Albert. Uma barra de metal foi batida com um martelo bem atrás dele. Ele se assustou e caiu de lado. Este ruído alto e repentino foi repetido diversas vezes, exatamente quando o rato era colocado no quadrado de brinquedo de Albert. O barulho era um estímulo não condicionado para medo e o rato tornou-se um estímulo condicionado. Depois desse treinamento, o rato foi apresentado sem o ruído e Albert respondeu chorando e gatinhando para longe do rato. Uma resposta de medo foi condicionada a um novo estímulo. De acordo com Watson, tal condicionamento explica todas as nossas respostas emocionais.

Todo conhecimento é também adquirido através de condicionamento. Qualquer declaração é uma seqüência de palavras, na qual cada palavra serve como estímulo condicionado para a seguinte. Quando é feita uma pergunta, esta serve como estímulo para a resposta correta, uma reação aprendida através de condicionamento.

As principais contribuições de Watson à psicologia foram sua rejeição da distinção entre mente e corpo, sua ênfase no estudo de comportamento aberto e a tese de que o comportamento que parecia ser produto de atividade mental, podia ser explicado de outras maneiras. Sua influência foi tão grande a ponto de a maioria das teorias de aprendizagem que se seguiram serem behavioristas. Comum a todas elas é a preocupação com objetivismo, forte interesse por estudos com animais, preferência por análise de estímulo-resposta e focalização sobre a aprendizagem como problema central em psicologia.

Watson não foi muito profundo no trato de problemas de aprendizagem e tinha poucos dados a apresentar em defesa de seu ponto de vista. Na realidade, não estava tão interessado em criação de teoria, quanto em psicologia aplicada, e sua teoria ressentia-se da falta de profundidade lógica. Seja como for, a influência de Watson foi profunda e, embora hoje poucos aceitem sua posição específica, a psicologia científica é distintamente behaviorista.

Skinner e o condicionamento operante

Uma das mais influentes posições a respeito da natureza da psicologia e de como ela pode ser aplicada à educação é exemplificada pelo trabalho de B. F. Skinner. O sistema de Skinner representa provavelmente a mais completa e sistemática declaração da posição associacionista, behaviorista, ambientalista e determinista na psicologia de hoje.

Devido à sua preocupação com controles científicos estritos, Skinner realizou a maioria de suas experiências com animais inferiores — principalmente o pombo e o rato branco. Desenvolveu o que se tornou conhecido por "caixa de Skinner" como aparelho adequado para estudo animal. Tipicamente, um rato é colocado dentro de uma caixa fechada que contém apenas uma alavanca e um fornecedor de alimento. Quando o rato aperta a alavanca sob as condições estabelecidas pelo experimentador, uma bolinha de alimento cai na tigela de comida, recompensando assim o rato. Após o rato ter fornecido essa resposta, o experimentador pode colocar o comportamento do rato sob o controle de uma variedade de condições de estímulo. Além disso, o comportamento pode ser gradualmente modificado ou modelado até aparecerem novas respostas que ordinariamente não fazem parte do repertório comportamental do rato. Êxito nesses esforços levou Skinner a acreditar que as leis de aprendizagem se aplicam a todos os organismos. Em escolas, o comportamento de alunos pode ser modelado pela apresentação de materiais em cuidadosa seqüência e pelo oferecimento das recompensas ou reforços apropriados. A aprendizagem programada e máquinas de ensinar são os meios mais apropriados para realizar aprendizagem escolar. O que é comum ao homem, a pombos e a ratos é um mundo no qual prevalecem certas contingências de reforços. Skinner firmou-se um dos principais behavioristas do país, com a publicação de *Behavior of Organisms* em 1938.[1] Embora obviamente influenciado pelo behaviorismo de Watson, o sistema de Skinner parece seguir primordialmente o trabalho de Pavlov e Thorndike. Ao contrário de outros seguidores de Watson, que estudaram o comportamento a fim de compreender o "funcionamento da mente", Skinner limitou-se ao estudo de comportamento manifesto ou mensurável. Sem negar processos mentais nem fisiológicos, ele acha que um estudo de comportamento não depende de conclusões sobre o que se passa dentro do organismo.

Toda ciência, acentua ele, procurou causas de ação dentro das coisas que estudou. Embora a prática tenha-se mostrado útil às vezes, o problema é que acontecimentos provavelmente localizados dentro de um sistema, são difíceis de observar. Somos inclinados a oferecer explicações interiores sem justificação, e inventar causa sem temer contradição. É especialmente tentador atribuir comportamento humano ao comportamento de algum agente interior.

Por termos, durante muito tempo, olhado dentro do organismo para encontrar explicações de comportamento, descuidamo-nos das variáveis que são imediatamente disponíveis para uma análise científica: Essas variáveis residem fora do organismo. São encontradas em seu ambiente imediato ou em sua história ambiental. Muitas das variáveis ou estímulos são mensuráveis e controláveis, e conseqüentemente tornam possível explicar o comportamento como outros assuntos são explicados em ciência.

É evidente que os métodos de ciência foram altamente bem sucedidos. Skinner acredita que os métodos de ciência devem ser aplicados no campo dos negócios humanos. Todos nós somos controlados pelo mundo, parte do qual é construído por homens. Este controle ocorre por acidente, por tiranos ou por nós próprios? Uma sociedade científica rejeitaria manipulação acidental. Skinner afirma que é necessário um plano científico para promover plenamente o desenvolvimento do homem e da sociedade. Não podemos tomar decisões sábias se continuarmos a pretender que não somos controlados.

Como acentua Skinner, a possibilidade de controle comportamental é ofensiva a muita gente. Tradicionalmente consideramos o homem como um agente livre, cujo comportamento ocorre em virtude de mudanças interiores espontâneas. Relutamos em abandonar a "vontade" interna que torna impossível a predição e controle de comportamento.

A ciência é uma tentativa de descobrir ordem, de mostrar que certos acontecimentos se mantêm em legítima relação com outros acontecimentos. Para Skinner, ordem é uma previsão prática que deve ser adotada desde o início. Não podemos aplicar os métodos de ciência a comportamento humano se assumimos que este muda caprichosamente. Ciência não apenas descreve, mas prevê e, na medida em que condições relevantes podem ser alteradas ou de outras maneiras controladas, o futuro pode ser controlado. Devemos presumir que o comportamento é legítimo e determinado, se queremos usar os métodos de ciência no campo dos negócios humanos. O que o homem faz é resultado de condições específicas e, uma vez descobertas, podemos predizer e até certo ponto determinar suas ações.

Comportamento é um assunto difícil, diz Skinner; porque é altamente complexo e porque é um processo, antes do que uma coisa. Embora seja mutável, fluido, evanescente e portanto difícil de estudar, nada há de insolúvel nos problemas com que se defronta o cientista do comportamento. Uma noção de ordem resulta de qualquer observação contínua de comportamento. Fazemos predições sobre os comportamentos daqueles com os quais estamos familiarizados, com grau de precisão bastante elevada. Se não houvesse alguma ordem ou uniformidade de comportamento, seríamos inefetivos no procedimento recíproco. Uma ciência behaviorista destina-se a esclarecer as uniformidades no comportamento humano e torná-las explícitas.

Estamos interessados nas causas de comportamento. Desejamos saber porque o homem se comporta da maneira como o faz. Qualquer condição ou acontecimento à qual possa demonstrar ter efeito sobre o comportamento, deve ser levada em conta. Descobrindo e analisando essas causas podemos predizer comportamento; à medida em que podemos manipulá-las, podemos controlar o comportamento.[2]

Skinner observa que uma concepção científica de comportamento humano dita uma prática e, uma filosofia de liberdade pessoal dita outra. Até adotarmos um ponto de vista coerente, provavelmente permaneceremos inefetivos à solução de nossos problemas sociais. Uma concepção científica envolve a aceitação de uma suposição determinista, — doutrina segundo a qual o comportamento é causado e o comportamento subseqüente é único e possivelmente esperado —.

No entanto, a concepção de que somos indivíduos livres e responsáveis, impregna nossas práticas, códigos e crenças. Uma formulação científica é nova e estranha, e muito poucas pessoas têm alguma noção da medida em que uma ciência de comportamento humano é de fato possível.

As práticas da sociedade não representam uma posição claramente definida. Às vezes parecemos aceitar o comportamento do homem como espontâneo e responsável, e outras vezes reconhecemos que determinação interior não é completa e que o indivíduo não deve ser responsabilizado. Vemos o homem comum como produto de seu ambiente; no entanto, damos crédito pessoal a grandes homens por suas realizações. Estamos em transição. Não fomos capazes de abandonar nosso ponto de vista tradicional sobre a natureza humana; ao mesmo tempo, porém, estamos longe de adotar claramente um ponto de vista científico. Em parte, aceitamos a suposição de deterministas, mas voltamos facilmente ao ponto de vista tradicional quando aspirações pessoais nos movem nesse sentido.

Para Skinner, portanto, a tarefa da psicologia é predição e controle de comportamento, e ele vê uma tecnologia comportamental emergindo. Como acentua: "Ciência está aumentando firmemente nosso poder de influenciar, mudar, modelar — em uma palavra, controlar — o comportamento humano. Ela estendeu nossa compreensão de modo que obtemos mais sucesso ao lidar com pessoas de maneiras não científicas, mas também identificou condições ou variáveis que podem ser usadas para predizer e controlar comportamento em uma tecnologia nova e cada vez mais rigorosa."[3]

Como todos os homens controlam e são controlados, o controle deve ser analisado e considerado em suas proporções adequadas. Skinner acredita que medo injustificado de controle levou à cega rejeição de planejamento inteligente para um modo de vida melhor. Como uma ciência de comportamento continuará a aumentar o uso efetivo de controle, é importante compreender os processos envolvidos e preparar-se para os problemas que surgirão.

No capítulo seguinte examinaremos a explicação de Skinner para aprendizagem, ou condicionamento — como ele o chama —, e como é estabelecido o controle de comportamento por estímulo.

CAPÍTULO 4

O Processo de Aprendizagem: Análise Científica de Comportamento Segundo Skinner

Quase todos os comportamentos que podemos identificar incluem-se em uma de duas classes. Uma, que foi chamada comportamento "reflexo" ou "involuntário" por outros, é rotulada por Skinner, como *comportamento respondente*. A outra, geralmente considerada comportamento "voluntário", é chamada *comportamento operante* no sistema de Skinner. A natureza anticientífica ou a ambigüidade de sentido das palavras "reflexo" e "voluntário" levou Skinner a dar outros nomes a esses termos e defini-los cuidadosamente.

Comportamento respondente (reflexo) abrange todas as respostas de seres humanos, e muitos outros organismos, que são *extraídas* ou tiradas para fora por mudanças especiais de estímulo no ambiente. Alguns respondentes são dilatação e contração das pupilas dos olhos em resposta à mudança na iluminação, arrepios quando uma lufada de ar frio toca a pele, uma lágrima derramada quando alguma coisa entra no olho, transpiração quando a pessoa se encontra em um aposento superaquecido. Todos os comportamentos que podem ser identificados e rotulados como "atos reflexos" fornecem exemplos de respondentes.

Uma segunda espécie de comportamento inclui número muito maior de respostas humanas. De fato, a maior parte do comportamento tem caráter operante. Andar, escrever, guiar um carro, dar uma tacada na bola de golfe, mostram pouco caráter respondente. Comportamento operante inclui todas as coisas que fazemos e que têm um efeito sobre nosso mundo exterior ou operam nele. Quando uma criança estende a mão para um doce, levanta a cabeça na sala de aulas, escreve uma composição ou resolve um problema de matemática, suas ações estão tendo algum efeito sobre seu ambiente.

Enquanto os respondentes são eliciados desde o começo, automaticamente por uma classe específica de estímulos, os operantes não são automáticos, nem relacionados com estímulos conhecidos. Não temos meios de saber inicialmente o que levará uma criança a ficar em pé ou a dar seu primeiro passo. Não existe estímulo especial que possamos usar para evocar esses comportamentos. Simplesmente devemos esperar que ocorram. Por essa razão, o comportamento operante é descrito como *emitido* em lugar de eliciado. Não precisamos preocupar-nos em saber que estímulos levaram à resposta.

Duas espécies de aprendizagem

Para cada espécie de comportamento, Skinner identifica um tipo de aprendizagem ou *condicionamento*. Associado ao comportamento respondente está o *condicionamento respondente*. Diz-se que o condicionamento pavloviano ou clássico é desta espécie. Como os leitores se lembram, um estímulo novo é emparelhado com aquele que elicia a resposta e depois de diversos emparelhamentos o estímulo novo passa a eliciar a resposta. Um estímulo determinado elicia sistematicamente a resposta. Em geral, Skinner acredita que essa espécie de condicionamento desempenha pequeno papel na maior parte do comportamento humano e se interessa pouco por ele.

Ao segundo tipo de aprendizagem, Skinner chama de *condicionamento operante*. Enquanto o comportamento respondente é controlado por um estímulo precedente, o comportamento operante é controlado por suas conseqüências — estímulos que se seguem à resposta.

Uma criança toca acidentalmente um objeto perto de seu berço e soa o tilintar de uma campainha. A criança talvez olhe para a fonte do som momentaneamente. Mais tarde, talvez por acaso, roça de novo a mão no brinquedo e a campainha tilinta. Com o tempo, observamos que a criança toca o brinquedo com crescente freqüência e olha para ele. Neste exemplo simples, vemos ilustrado o processo de condicionamento operante e o princípio muito importante que Thorndike chamava Lei de Efeito e Skinner chama de *reforço*. É através desse processo de condicionamento (que chamamos de aprendizagem), que Skinner acredita ser a maior parte do comportamento, adquirido.

Os eventos ou estímulos que se seguem a uma resposta e tendem a reforçar o comportamento ou aumentar a probabilidade daquela resposta, são chamados *reforçadores*. Qualquer estímulo é um reforçador, se aumenta a probabilidade de uma resposta. A resposta, em nosso exemplo, foi tocar o brinquedo; o fortalecimento da resposta foi visto na crescente freqüência de seu aparecimento; e a conseqüência da resposta ou reforçador foi, naturalmente, o toque da campainha. Só sabemos que é um reforçador porque aumentou a resposta de tocar o brinquedo.

É óbvio que uma resposta que já ocorreu não pode ser predita ou controlada. Só pode ser predito que respostas *semelhantes* serão emitidas no futuro. Portanto, quando uma resposta é emitida ou reforçada, as conseqüências aumentam a probabilidade de uma *classe* de respostas. Esta classe de respostas é chamada um *operante*. Levantar-se de uma cadeira, por exemplo, pode ser feito de uma variedade de maneiras. Um único caso de levantar-se de uma cadeira é uma resposta, mas o comportamento chamado "levantar-se de uma cadeira" é um operante. Igualmente, comer pode ter considerável variabilidade de desempenho, dependendo do que e de onde a pessoa está comendo. Esta distinção entre respostas e operantes é importante, como os leitores verão mais tarde em nossa discussão sobre modificação de comportamento.

O efeito de nosso comportamento operante sobre o mundo exterior é muitas vezes imediato e explícito, como quando chutamos uma bola, tiramos um acorde do piano ou enfiamos um alfinete em um balão. Nem sempre é assim. Como podemos explicar o comportamento quando as conseqüências não são aparentes? — por exemplo, fazer uma pergunta a um estudante sem obtermos resposta alguma, ou questionando a nós mesmos? A fim de explicar a aquisição desta ou de qualquer espécie de comportamento é necessário considerar seu desenvolvimento. Originariamente, este comportamento fez acontecer alguma coisa no mundo exterior. Quando fizemos uma pergunta, alguém nos respondeu. Antes de começarmos a falar conosco mesmos, o que dissemos teve algum efeito sobre outros. O comportamento operante nunca teria sido adquirido se não houvessem conseqüências observáveis — reforçadores — oferecidas pelo mundo que nos cerca.

Em nosso exemplo de condicionamento operante da criança, podemos levantar uma questão sobre o brinquedo como estímulo. Como difere ele de um estímulo condicionado que elicia uma resposta em condicionamento respondente?

A maioria dos operantes adquire uma relação com alguns estímulos anteriores (chamados estímulos discriminados); mas esta relação é completamente diferente daquela encontrada no condicionamento clássico. Dizemos que o comportamento caiu sob controle de estímulo. O estímulo anterior torna-se a causa para o comportamento operante, mas não é um estímulo como no caso de reflexos. O trinco de uma porta não *faz* com que estendamos a mão para girá-lo; um interruptor de luz, tendo-se tornado um estímulo discriminado, está relacionado com nossa resposta operante de movê-lo, mas não é uma resposta reflexa. Aprendemos a reconhecer algumas declarações verbais como perguntas — a voz é elevada no final da sentença. Essas verbalizações interrogativas tornam-se estímulos discriminados para alguma resposta de nossa parte — é indelicadeza ignorar uma pergunta. Mas a pergunta não elicia uma resposta de nós. É simplesmente a causa para uma resposta e a variabilidade de resposta ou mesmo a ausência de resposta indica que o comportamento não é reflexo.

Embora o comportamento operante seja colocado sob o controle de estímulos, tal controle é apenas parcial e condicional. A resposta operante de erguer o garfo para comer não é simplesmente eliciada pela vista de comida em nosso prato. Depende também de coisas como fome, preferências alimentares, se outros foram servidos e uma variedade de condições de estímulo. Por esta razão, Skinner não considera útil pensar no comportamento operante em termos de associações específicas de estímulo-resposta, no sentido que tem o comportamento respondente. Ele vê o comportamento como *emitido* pelo organismo por uma variedade de razões ou por uma multidão de estímulos, em sua maioria desconhecidos.

Alguns comportamentos, como o choro de uma criança, podem ser respondentes ou operantes. Choro parece ser comportamento respondente, quando é evocado por estímulos resultantes da perda de apoio ou de um ruído alto. Todavia, se o choro é alterado quando seguido por alimento ou outro reforço dado pelos pais da criança, tem natureza operante. Se o pai ou a mãe espera até o choro da criança atingir certa intensidade, choro alto tem maior probabilidade de aparecer no futuro. Choro operante depende de seu efeito sobre os pais e é mantido ou modificado de acordo com a resposta dos pais a ele. Isto não se aplica ao choro respondente.

Comportamento supersticioso

O poder de um único reforço é bem ilustrado no desenvolvimento do que Skinner chama comportamento supersticioso. Um reforço é suficiente para produzir diversas respostas operantes. Depois de receber uma única bolinha de alimento em seguida a uma resposta, um rato pode responder 50 ou mais vezes sem a necessidade de reforços adicionais para mantê-la.

Se existe apenas uma associação acidental entre a resposta e o aparecimento de um reforçador, o comportamento é chamado "supersticioso"... Suponha-se que damos a um pombo uma pequena quantidade de alimento a cada quinze segundos, independentemente do que ele está fazendo. Quando o alimento é dado pela primeira vez, o pombo estará se comportando de alguma maneira — mesmo que seja apenas parado em pé — e ocorrerá condicionamento. É então mais provável que o mesmo comportamento esteja em progresso quando o alimento for dado de novo. Se for esse o caso, o "operante" será ainda mais fortalecido. Caso contrário, algum outro comportamento será fortalecido. Oportunamente um determinado comportamento chega a uma freqüência em que é muitas vezes reforçado. Ele se torna então parte permanente do repertório da ave, ainda que o alimento tenha sido dado por um relógio que não tenha relação com o comportamento da ave.

Se, por exemplo, três reforços já eram necessários a fim de mudar a probabilidade de uma resposta, o comportamento supersticioso seria improvável. É apenas porque organismos chegaram ao ponto em que uma única contingência faz uma mudança substancial, que eles são vulneráveis a coincidências.[1]

É interessante considerar algumas de nossas superstições à luz dessa explicação. Muitos dos rituais que vemos exibidos no campo de basebol ou na quadra de basquete sugerem comportamento supersticioso. Observe-se os movimentos do lançador antes de preparar-se para um arremesso ou as ações do jogador de basquete quando se prepara para um lance livre. Assim como o cavaleiro em armadura usava o lenço de uma dama admiradora quando carregava com sua lança, muitos de nós usamos certa camisa ou par de sapatos porque "nos dão sorte". Igualmente carregamos amuletos ou colocamos estatuetas no painel do carro, muitas vezes porque sua presença acompanhou nossos sucessos ou evitou-nos de malogro. As conseqüências dessas ações servem para confirmar nossas superstições.

Reforços positivos e negativos

Os estímulos que por acaso atuam como reforçadores incluem-se em duas classes: *reforços positivos* e *negativos*. Reforço positivo é um estímulo que, quando apresentado, atua no sentido de fortalecer o comportamento a que ele se segue.

Se proporcionamos um estímulo como um doce, em seguida a uma resposta da criança de dizer ou tentar dizer a palavra "doce", e a criança diz a palavra mais freqüentemente, identificamos que o doce foi um reforçador da resposta verbal. Quando chamamos um estudante que levanta a mão, e vemos que o levantar da mão aumenta de freqüência, pressentimos que o fato de chamá-lo apresenta-lhe um reforço positivo.

O leigo geralmente pensa em reforço positivo como recompensa, mas por razões muito boas, psicólogos evitaram a palavra recompensa. A palavra recompensa implica em uma significação que o termo reforço não tem. Por exemplo, é difícil pensar em uma carranca do professor como recompensa; a maioria dos professores não a usaria como recompensa; no entanto poderia muito bem atuar como reforço positivo para determinada criança. Se *aumenta* a freqüência da resposta que o professor efetivamente esperava diminuir com sua carranca, esta é considerada um reforço positivo.

Estímulo como alimento pode ser reforço em uma ocasião, quando a pessoa foi privada de alimento, e não em outra, quando ela está *saciada*. O importante nesta definição de reforço é que as propriedades reforçadoras não residem no estímulo, mas em seu efeito sobre o comportamento. É evidente, portanto, que reforços são relativos de indivíduo a indivíduo e de ocasião para ocasião. Comer um sanduíche de peru depois do jantar do Dia de Ação de Graças não tem o mesmo efeito que teria várias horas mais tarde.

Há reforços negativos, tanto quanto positivos, que podem ser usados para condicionar o comportamento operante. Alguns estímulos por sua natureza fortalecem respostas através de sua remoção. Quando você tira o sapato para remover uma pedra, quando salta descalço de uma calçada quente para a grama, quando tapa os ouvidos para não ouvir sons altos — em todos esses casos você é reforçado independentemente de estimulação. Isto é chamado comportamento de *fuga*.

A espécie de estímulo que chamamos de desagradável, aborrecido ou *aversivo* não se distingue por quaisquer propriedades físicas determinadas. Ruídos altos, luzes muito brilhantes, calor ou frio extremo, choque elétrico, são comumente aversivos para pessoas. Mas em sua maior parte, os estímulos aversivos são relativos a indivíduos e situações.

Extinção

Uma grande preocupação da maioria de nós é a de livrar-se de comportamento já condicionado. Como "desaprendemos" ou eliminamos um comportamento? Embora isto seja muito complexo, a regra é simples. A resposta que ocorre repetidamente na ausência de reforço, extingue-se. Quando não há mais reforço, uma resposta torna-se cada vez menos freqüente. Se deixamos de fumar, enfiamos cada vez menos a mão no bolso que contém cigarros. Se os programas de televisão se tornam piores, assistimos cada vez menos. Se o professor deixa repetidamente de chamar uma criança na sala de aulas, diminui a freqüência com que ela levanta a mão.

Se o reforço é negado com o propósito de eliminar ou enfraquecer uma resposta, esta em muitos casos, finalmente voltará a seu grau incondicionado original (às vezes chamado de nível operante). O fato de uma resposta não ser reforçada leva não apenas à extinção, mas também a uma reação comumente chamada frustração. Pode tornar-se motivo de considerável expressão emocional. A maioria de nós já fracassou quando tentou dar partida ao carro em uma manhã fria. À medida que insistimos sem êxito, nossa frustração ou mesmo raiva cresce, mas finalmente nosso comportamento se extingue e nós tentamos uma resposta alternativa — pedir ajuda a um posto de serviço.

A extinção tanto de operantes como de respondentes, às vezes demora muito para ocorrer. Em situações experimentais o reforço que está sendo usado é conhecido do experimentador. Na vida cotidiana, porém, nem sempre é fácil identificar o que pode servir para reforçar uma resposta. Professores e pais ficam às vezes compreensivelmente desnorteados pelo comportamento de uma criança, porque não é possível ver o que o mantém — ou seja, qual é o reforço.

Se apenas algumas respostas foram reforçadas, a extinção ocorre rapidamente. Uma longa história de reforço, por outro lado, leva a forte resistência à extinção.

Outro agente que gera grande resistência à extinção é o esquema de reforço que esteve em vigor anteriormente.

Esquemas de reforço

O reforço de comportamento operante na vida cotidiana não segue padrão coerente. O lançador não marca um "strike" em cada tentativa; o pescador não fisga

79

um peixe toda vez que lança o anzol; e um estudante nem sempre responde certo.

Se apenas ocasionalmente reforçamos uma criança para bom comportamento, o comportamento é continuado depois de suspendermos o reforço por muito mais tempo do que se tivéssemos continuado a reforçar toda resposta, até mesmo número total de reforços. Skinner explorou intensivamente duas classes principais de reforço intermitente (às vezes chamado parcial): o reforço de *razão* e o de *intervalo*. O reforço de razão é baseado no número de respostas e o de intervalo significa reforço dado a intervalos de tempo.

Um comportamento é geralmente estabelecido reforçando-se cada ocorrência das respostas — um esquema contínuo de reforço. Depois de condicionado, porém, não é a maneira mais econômica de *manter* o comportamento. Tendo sido condicionado, o comportamento geralmente pode ser mantido apenas por um reforçador ocasional ou intermitente.

O comportamento pode ser reforçado intermitentemente de acordo com diversos esquemas diferentes. O reforço pode ser dado em termos do número de respostas emitidas (esquemas de razão) ou em termos de passagem de tempo (esquemas de intervalo), ou em combinações dos dois. Por exemplo, se o esquema é uma razão fixa de 10", cada décima resposta é reforçada: o reforço é fornecido apenas depois de terem sido emitidas dez respostas.

Tais esquemas de razão podem ser *fixos*, como no exemplo anterior, ou podem ser *variáveis*. Em um esquema de razão variável (V.R.) o número de respostas necessárias para reforço varia em torno de alguma média. Às vezes o reforço segue-se a cinco respostas e às vezes até trinta respostas podem ser necessárias antes que ocorra o reforço.

Esquemas baseados principalmente na passagem de tempo são chamados *esquemas de intervalo*. O intervalo é fixo quando um intervalo constante de tempo deve transcorrer entre reforços. Podemos arranjar condições, de modo que um intervalo de cinco minutos deva transcorrer antes que a resposta seguinte seja reforçada. Em um esquema de intervalo variável, a duração de tempo varia em torno de um tempo médio dado (20" — 2h).

Há certas características — de responder em cada esquema básico — que foram encontradas em estudos de muitas espécies de animais, inclusive o homem. Geralmente se descobriu que as características de muitos esquemas que foram pela primeira vez estabelecidas em animais inferiores, produziram resultados semelhantes em estudos de crianças normais, retardadas e autistas, e de adultos normais e psicóticos.

Esquemas de razão caracterizam-se por alto índice de resposta, porque quanto mais rapidamente a pessoa responde, mais depressa ocorre o reforço. Um homem que se oferece para pintar uma casa por uma importância fixa de dinheiro, ao invés de cobrar por hora, colocou-se em uma razão fixa. O trabalho por tarefa em fábrica, no qual o pagamento depende diretamente do número de peças produzidas, é outro exemplo de esquema de razão. Em trabalhos escolares de leitura com determinado número de páginas, de aritmética com um número certo de problemas ou de educação física com um número específico de exercícios são oferecidos, exemplos de desempenho de razão fixa. Em esquemas de reforço de razão fixa, embora o índice de resposta seja relativamente alto, tende a haver um período de inatividade seguido pelo reforço.

Quando a razão é variável, encontra-se índice ainda mais alto de resposta. A maioria dos jogos, notadamente jogar em máquinas caça-níqueis, é considerado como reforço de razão variável. O jogador inveterado precisa apenas de um ganho ocasional para manter seu comportamento. Entretanto, extinção seguindo condicionamento, em esquemas de razão ocorre em período de tempo relativamente curto. Quando o jogador coloca moedas na máquina em ritmo acelerado sem um ganho, seu comportamento se extingue rapidamente.

Em esquemas de intervalos, nos quais o reforço depende da passagem de tempo, o índice global de resposta é baixo. Não há razão para trabalhar rapidamente, pois o reforço não ocorrerá antes de determinado ponto no tempo. Se o intervalo é fixo — como na apresentação de um trabalho escolar no fim do semestre — há um índice baixo de resposta no começo do período, com aumento gradual até um índice muito alto.

Quando um professor faz exames a intervalos de três ou seis semanas, deve esperar um índice bastante baixo de resposta — menos estudo — chamamos algumas vezes isso de saciação. Por outro lado, exames não anunciados ou resolução de problemas estão em um esquema de intervalo variável e produzem resposta continuada em baixo índice. Quanto mais longo o intervalo entre testes e reforços, mais baixo o índice de resposta.

A extinção seguida a esquemas de intervalo, caracteriza-se por um índice baixo, continuado que diminui gradualmente. Por isso, se o número de reforços é mantido constante, esses esquemas produzem comportamento mais duradouro. Se desejarmos que o comportamento dure longo tempo após a suspensão do reforço, esquemas de intervalo são mais apropriados. Isto explica também a dificuldade, muito provável, de extinguir alguns comportamentos que preferiríamos ver desaparecer. A incoerência por parte de pais ou professores na administração de reforçadores, sugere um esquema variável que às vezes incrementa a persistência, quando essa não é o objetivo. Se um comportamento não desejado, como choramingar ou chorar para obter o que deseja, ocorre só ocasionalmente na criança, a resposta provavelmente será mantida mesmo quando a repreensão é às vezes conseqüência de seu comportamento.

Reforçadores primários e secundários

Alimento, água e contato sexual, assim como escapar de condições lesivas, são chamados reforçadores primários porque estão obviamente ligados ao bem-estar do organismo, isto é, têm significação biológica. Desempenham papel importante na aquisição e manutenção de certas classes de comportamento — incluindo fuga e privação. Tocar um fogão quente, agarrar uma mamangava, ficar muito tempo sob o sol de verão — tudo isso serve para ilustrar a influência modificadora de reforços negativos que resultam naturalmente dos comportamentos da pessoa.

Mas, outros eventos são reforçadores para o ser humano. Algumas formas de estimulação são positivamente reforçadores, embora não pareçam ter relação com o comportamento que tem valor de sobrevivência. Um bebê sacode um chocalho, uma criança explora o armário de sua mãe, um menino empina um quadrado, um músico toca seu violino. Pode-se argumentar que alguns estímulos auditivos, táteis e visuais são naturalmente reforçadores, no sentido de que a capacidade de ser reforçado por qualquer realimentação do ambiente, seria biologicamente vantajosa. É importante, porém, considerar a possibilidade de em alguns casos, o efeito reforçador ser *condicionado* — os próprios reforços serem "aprendidos".

Raras vezes vemos condicionamento, especialmente no nível humano, em que estejam envolvidos reforçadores primários. Muito mais característicos em condicionamento operante envolvendo pacientes humanos são os *reforçadores condicionados* ou secundários. Nós somos muito mais freqüentemente condicionados por reforçadores planejados, apresentados por outros, como sua aprovação ou desaprovação, promessas ou ameaças, ou ouvir dizer que estamos certos ou errados.

Skinner demonstrou que, se cada vez que uma luz é acesa for dado alimento a um pombo esfomeado, a luz, com o tempo, se torna um reforçador condicionado. Uma luz pode então ser usada para condicionar um comportamento operante, exatamente como é usado alimento. Quanto mais vezes a luz é emparelhada com o alimento, mais reforçadora ela se torna, mas seu poder é rapidamente perdido quando todo alimento é negado. O leitor pode, naturalmente, reconhecer isso como condicionamento pavloviano ou respondente.

Uma das importantes propriedades de reforços condicionados é que eles mantêm o comportamento, até haver um reforço primário definitivo. Muitas atividades humanas são caracterizadas por longas demoras, antes que seja obtido reforço primário, por exemplo, freqüentar um colégio, plantar uma horta, formar um quadro de futebol. Se reforçadores condicionados interinos não proporcionassem encorajamento, pouca coisa haveria para manter nosso comportamento. Muitas vezes, nós próprios fornecemos esses reforços.

Assim, também, condicionamento respondente ou clássico, parece aplicar-se à função de reforço negativo. Estímulos neutros que acompanham ou precedem reforços negativos tornam-se eles mesmos negativamente reforçadores. O som e a vista da broca do dentista, a queima do estopim de uma bomba, a elevação de um punho — tudo isso serve para ilustrar reforçadores negativos condicionados. Em resultado desses reforçadores condicionados, nós nos movemos para escapar dos estímulos aversivos, embora eles não tenham ainda ocorrido.

Esses reforçadores negativos condicionados, são usados de muitas maneiras. Envergonhamos pessoas para que ajam de maneiras socialmente apropriadas. Advertimos e ameaçamos jovens, emparelhando certos atos com certas conseqüências, como a relação de comportamento sexual com gravidez ou doença venérea.

Reforçadores generalizados

Um reforçador condicionado torna-se generalizado quando é emparelhado com mais de um reforçador primário. Quando reforçamos com alimento, obtemos controle apenas sobre o organismo esfomeado. Reforçadores generalizados são úteis porque a condição momentânea do organismo é menos importante. Dinheiro é um reforçador generalizado eficaz, porque pode reforçar uma grande variedade de comportamentos em várias condições.

Atenção, aprovação e afeição são particularmente notáveis como reforçadores generalizados. Antes de podermos receber outros reforços de alguém, precisamos primeiro fazer com que ele nos preste atenção. Quando uma criança exibe "comportamento conquistador de atenção", ela é mais capaz de receber a atenção da pessoa que pode fornecer outros reforços. Outra pessoa, tem probabilidade de reforçar apenas os comportamentos que aprova.

Sinais de aprovação tornam-se, portanto, reforçadores. Usamos respostas verbais como "ótimo", "isso mesmo", "gosto disso", para modelar o comportamento de outros. Igualmente, reforçadores podem ser os sinais não verbais, como um sorriso, uma palmadinha nas costas, um aceno de cabeça afirmativo.

Um dos mais poderosos reforçadores generalizados que usamos para modificar o comportamento de outros, é afeição. É tão importante para nós que é freqüentemente mencionado como reforçador primário. Eficaz como é em sua qualidade de reforçador, é fácil presumir uma inerente "necessidade de afeição". Mas então, seria possível criar um fundamento lógico, semelhante para a "necessidade de dinheiro", também um poderoso reforçador generalizado.

Com o tempo, reforçadores generalizados tornam-se eficazes, ainda que os reforçadores primários em que se baseiam, não mais os acompanhem.

Evitação

Escapar de uma situação claramente aversiva não é a mesma coisa que evitá-la. Se a resposta, por fim, caminha para opor-se a condições determinadas, trata-se de um comportamento de fuga. Evitando estimulação aversiva, nós estamos respondendo a estímulos condicionados que adiam o início de estimulação aversiva. Exemplificando por diversas razões, um menino pequeno pode chorar e tentar evitar que seu cabelo seja cortado por um barbeiro. Suponhamos no momento, que por ocasião de seu primeiro corte de cabelo o barbeiro tenha beliscado acidentalmente sua nuca. Na ocasião em que este estímulo aversivo foi apresentado, podiam ser observados outros estímulos, como o avental branco do barbeiro, a vista e o som das máquinas elétricas de cortar cabelo, os aspectos físicos da barbearia. Como foram apresentados imediatamente antes e no início do estímulo aversivo, esses estímulos neutros adquirem propriedades aversivas através da substituição de estímulo. Quando o menino foge da situação, sua resposta é fortalecida através de condicionamento operante. Em ocasiões subseqüentes, ele pode responder aos estímulos condicionados, como o som das máquinas elétricas de cortar cabelo, à vista da barbearia ou mesmo à menção de corte de cabelo feita pelos pais. Chorando ou tentando por outras maneiras evitar o corte de cabelo, ele pode conseguir evitar toda a estimulação aversiva. Mas, acontece uma coisa interessante. A resposta de fuga aos estímulos condicionados, enfraquece com ocasiões repetidas; gradualmente se extingue porque o comportamento não foi reforçado pelo estímulo aversivo — o beliscão. A ação de chorar e debater-se na cadeira do barbeiro reduz-se a um choramingar ocasional, que com o tempo deixa de ser emitido, e ocorre a extinção. Espera-se que o reforçador primário não seja recebido novamente, porque se o for, um único caso pode ser suficiente para recondicionar o poder reforçador dos estímulos neutros.

Parece que grande parte de nosso comportamento cotidiano é evitação. Pagamos impostos, fazemos regime alimentar, obedecemos a regras do trânsito, borrifamos veneno em nossos jardins, estudamos para exames, talvez mais para evitar conseqüências negativas, do que para produzir conseqüências positivas. Esses comportamentos são importantes para que evitemos com sucesso conseqüências desfavoráveis. Todavia, no condicionamento operante aplica-se a regra básica. A negação de reforço após uma resposta, leva à extinção. Se uma situação aversiva é sempre evitada, a ameaça torna-se cada vez mais fraca e o comportamento é reforçado cada vez com menos intensidade. Com o tempo, deixamos de emitir a resposta de evitação e segue-se a estimulação aversiva. Atravessamos um cruzamento com o sinal fechado ou dirigimos em excesso de velocidade e recebemos uma intimação e multa das autoridades de trânsito. Os reforços condicionados são então restabelecidos como reforçadores negativos. Igualmente "ameaças vazias" de pais e professores logo perdem sua eficácia, porque a criança ou estudante vê que não se seguem reforçadores negativos e as "respostas de obediência" se extinguem.

No quadro seguinte, considerem-se as respostas de fuga e evitação condicionadas, através de reforço negativo. Note-se que o efeito de reforço positivo ou negativo, é sempre aumentar a probabilidade daquela resposta. Como poderia ser facilitada a extinção?

Tom, em seu primeiro dia na nova escola, cai no recreio e esfola o cotovelo. Começa a chorar e outro menino que é o valentão da escola caçoa dele por estar chorando. As outras crianças riem. Mais tarde, na sala de aulas o profesor chama Tom para ler. Ele se atrapalha nas primeiras palavras difíceis que aparecem. O professor franze a testa e chama outro estudante. O estômago de Tom começa a doer. Ele pede permissão ao professor para sair mais cedo e ir para casa. Sente-se melhor quando deixa a escola. No dia seguinte, Tom diz à sua mãe que não se sente suficientemente bem para ir à escola.

Até agora nossa discussão tratou principalmente do ritmo ou freqüência de resposta. Além da freqüência de um comportamento, porém, nós nos interessamos muito pelas condições em que ocorrem respostas, pela qualidade ou propriedade de um comportamento. Skinner aborda este problema, pelo menos em parte, através de sua análise de indução ou generalização, discriminação de estímulos e diferenciação de resposta. Para nosso propósito, podemos distinguir entre generalização de estímulo, discriminação de estímulo, generalização de resposta e diferenciação de resposta. Deve-se reconhecer, porém, que para propósitos explicativos essa é uma classificação arbitrária de acontecimentos que raras vezes são claramente separados no comportamento cotidiano.

Generalização de estímulo

Foi acentuado antes, que estímulos anteriores se tornam funcionalmente relacionados com operantes. Embora não as eliciem, tornam-se ocasião para respostas. Quando o comportamento foi assim colocado sob controle de determinado estímulo, descobrimos que outros estímulos semelhantes são igualmente eficazes. Essa extensão de efeito a outros estímulos é chamada generalização ou indução. A ocorrência deste fato acentua que qualquer estímulo determinado pode possuir diversos valores ou propriedades, capazes de serem eficazes separadamente. Como exemplifica Skinner:

> Se reforçamos a resposta (dada por um pombo, por exemplo) a uma mancha vermelha redonda com área de uma polegada, uma mancha amarela do mesmo tamanho e formato será eficaz por causa das propriedades comuns de tamanho e formato; uma mancha vermelha quadrada, com

a mesma área será eficaz por causa de sua cor e tamanho; e uma mancha vermelha redonda com uma área de meia polegada será eficaz, por causa das propriedades comuns de cor e formato.[2]

Indução não é uma atividade do organismo, mas um termo indicando que o controle adquirido por um estímulo é partilhado por outros estímulos com propriedades comuns. Qualquer estímulo é, portanto, constituído de uma combinação determinada de propriedades, das quais qualquer aspecto pode exercer controle sobre o comportamento. A generalização de estímulo pode ser a explicação, quando conseguimos identificar as propriedades comuns de dois estímulos.

Por exemplo, uma escala muito larga de matizes evoca a resposta "vermelho". A palavra "vermelho" é adequada na maioria das situações cotidianas, embora possamos reconhecer que existe considerável variabilidade nos estímulos que chamamos de vermelho. Alguma propriedade comum, é partilhada pelos diferentes estímulos e esta característica é responsável por nossa resposta comum.

Nossos "erros" são freqüentemente explicados por generalizações de estímulo. Podemos responder de uma maneira que parecia perfeitamente apropriada na ocasião, para mais tarde sentir que nossa resposta foi baseada em elementos da situação que orientaram mal nosso comportamento na circunstância presente. Podemos acenar para um amigo e descobrir que era um estranho, parecido com ele de alguma maneira. A "ambigüidade" da pergunta de uma professora que leva a resposta "incorreta" por parte do estudante, oferece um exemplo. Há diversas respostas apropriadas para a pergunta: "como se vai de Chicago a Nova York?". Se o estudante responde "por avião" e a professora espera a resposta "movendo-se na direção leste", ela pode considerar a resposta errada ou achar que o estudante está "fazendo graça".

O valor de generalizações para a sobrevivência de organismos parece evidente. Muitos de nós, por exemplo, respondemos igualmente a uma variedade de cobras. Ao fazê-lo, cometemos "erros", mas tal generalização evita contato com aquelas que são potencialmente perigosas para nós.

Discriminação de estímulo

Se generalização sempre fosse a regra, nosso comportamento seria altamente confuso. Qualquer comportamento poderia ter probabilidade de ocorrer em qualquer situação. Aprendemos a não generalizar; aprendemos a dar determinada resposta só na presença de certos estímulos e outros estímulos não oferecem mais ocasião para a resposta. Discriminação é conseguida, reforçando-se o comportamento na presença de um estímulo (ou grupo de estímulos) e não o reforçando em outras situações de estímulo. Quando a criança diz "cão" na presença de um cão, seus pais reforçam seu comportamento. Dizer "cão" na presença de objetos inapropriados, como um cavalo, não é reforçado e com o tempo a criança diz "cão" na presença de cães e não na presença de outros objetos. Ela aprendeu a discriminar e dar uma resposta diferencial.

Como se pode ver, discriminação desempenha papel muito importante em nossa compreensão de "aprendizagem". Milhares de discriminações precisam ser feitas por cada um de nós para atender às exigências do mundo que nos cerca. Para o comportamento operante, ao qual não podemos no começo identificar estímulo eliciador de resposta, mais tarde passa a ficar quase completamente sob o controle de estímulos. Isso acontece porque proporcionamos reforço na presença de estímulos apropriados e negamos reforço na presença de outras.

O diretor do coro levanta um dedo, uma centena de olhos segue esse movimento e juntas as vozes respondem apropriadamente. Um sinal de trânsito passa do vermelho para o verde, e a discriminação leva a uma resposta diferencial. Uma criança aprende a dizer "be" diante da letra "b" e inibe essa resposta diante de "d", que tenderia talvez a generalizar devido à similaridade de estímulos.

Assim, vemos que embora uma pessoa responda da mesma maneira em situações semelhantes, a generalização só continua se as respostas são reforçadas na nova situação. Se a resposta da pessoa não é reforçada na nova situação, ela se extingue. A resposta só ocorrerá em situações nas quais tenha sido reforçada.

Grande parte de nosso comportamento cai sob o controle de certos estímulos, porque no passado foi reforçada na presença de outros estímulos. Alguns de nossos comportamentos são reforçados na presença de certas pessoas e estas, como objetos de estímulo, obtém controle sobre nosso comportamento. Nosso comportamento — na presença de um amigo íntimo ou de um membro da família — é diferente, do apresentado diante de um professor ou ministro. Respostas diferentes foram reforçadas na presença de cada um deles.

Muitos estímulos verbais passam a controlar o comportamento da pessoa, porque se tornaram estímulos discriminados. "Você quer um doce?", foi expressado na presença de estímulos visuais e respostas na presença desses estímulos são reforçadas. A resposta a um pedido: "Por favor, ajude-me", foi seguida por expressão de gratidão, louvor ou outros reforços. Os comportamentos ocorrem porque no passado, na presença desses estímulos verbais, o comportamento apropriado foi reforçado.

O comportamento muito importante que chamamos de *abstração* é um tipo de aprendizagem de discriminação. Tecnicamente, abstração descreve o processo pelo qual uma resposta fica sob controle de um único *elemento*, de um estímulo que é comum a muitos estímulos, mas não existe fora daqueles estímulos. Suponha-se, por exemplo, que uma criança é reforçada por dizer "vermelho" na presença de uma bola. Mas se ela chama uma bola azul ou verde de "vermelha", não se segue reforço e a discriminação começa a formar-se. Como os atributos de vermelhidão são reforçados na presença de muitos outros objetos vermelhos — um carro de bombeiros, um bloco, um lápis, — e há ausência de reforço quando a criança chama objetos "vermelhos" de maneira inapropriada, é adquirida uma abstração para "vermelho". A característica única que muitos objetos de diversos estímulos têm em comum, "vermelhidão", controla a resposta "vermelho".

Generalização de resposta

O comportamento que é fortalecido em uma situação tem probabilidade de ocorrer em outras situações. Treinamento em uma área de comportamento proficiente pode melhorar o desempenho da pessoa em alguma outra área. Uma criança que foi reforçada para ficar sentada e ouvindo quieta enquanto sua mãe lê, é propensa a comportar-se de maneira semelhante no jardim da infância ou em outras situações de sala de aulas. Adquirir a capacidade de andar de bicicleta parece facilitar o desempenho de dirigir uma motocicleta.

Este fenômeno, chamado *generalização de resposta*, resposta indutiva ou transferência de resposta, é muito importante e recebe considerável atenção na literatura psicológica e educacional. Se não fosse pela generalização, cada um de nossos comportamentos precisaria ser adquirido em cada situação nova que encontrássemos. Nossas realizações seriam vastamente limitadas, porque gastaríamos muito tempo na aquisição de novas aptidões e muito pouco no uso de aquisições anteriores.

Poucos contestam que ocorra transferência, mas o significado do tempo, a interpretação e as implicações dos fenômenos, envolvem considerável pesquisa e disputa. O que é transferência? Como pode um comportamento que não foi reforçado diretamente ser fortalecido? Para Skinner este é um pseudo-problema. Reforçando-se um comportamento operante, freqüentemente se produz perceptível aumento na força de outro. "Dividimos o comportamento em unidades sólidas e resistentes e depois ficamos surpreendidos ao descobrir que os organismos ignoram as fronteiras que estabelecemos."[3] Explicando transferência, ele acentua que é difícil pensar em alguma resposta que não tenha algo em comum com outra. A natureza contínua de comportamento leva-nos a essa conclusão. O mesmo sistema muscular pode estar envolvido em numerosas atividades. Se reforçamos a última resposta em uma seqüência de respostas, podemos fortalecer todas as unidades que contêm a mesma seqüência de respostas.

Diferenciação de resposta

Como uma resposta precisa ser dada antes que possa ser fortalecida por reforçadores, parece que estamos descrevendo comportamento que *já* foi aprendido. De fato, para Skinner a probabilidade presente de resposta pode ser de maior interesse do que a maneira como ela foi aprendida primeiro. Mas desejamos saber como seu sistema explica respostas novas e originais.

Em condicionamento operante quando o reforço é contingente das propriedades de estímulos, é chamado discriminação, ou seja, aquilo que acabamos de discutir. Quando o reforço é contingente das propriedades da resposta é às vezes chamado *diferenciação*. É através deste processo e dos princípios a serem agora discutidos que se torna possível "produzir" comportamento que não ocorreria normalmente.

Comecemos ilustrando o comportamento de um pombo, descrito por Skinner.[4] Se vemos um pombo andando de um lado para outro com a cabeça bem er-

93

guida no ar, consideramos isso muito incomum. Um pombo pode, porém, ser condicionado a comportar-se dessa maneira. Poderíamos esperar que tal comportamento ocorresse para que pudesse ser reforçado, mas talvez tivéssemos que esperar muito tempo e o condicionamento poderia ser um tanto ineficaz. O pombo pode ser gradualmente condicionado a dar essa resposta.

Quando observamos o pombo em sua gaiola, vemos que há variações na altura em que mantém a cabeça. Se proporcionamos reforços só quando sua cabeça é mantida erguida — as variações extremas de resposta normal — descobrimos que o comportamento de erguer a cabeça aumenta de freqüência. Quando começamos a reforçar apenas as respostas extremas emitidas, aquelas que eram extremas, tornam-se mais típicas. O comportamento do pombo torna-se muito diferente daquele observado no início desse processo de condicionamento.

Vários princípios podem ser identificados neste exemplo, e grande parte de nossa discussão anterior pode ser posta em foco.

O comportamento normalmente ocorre com algumas variações. Como acentuamos antes, operantes não são casos individuais de uma resposta; são uma classe de respostas (operantes) semelhantes, mas variáveis. O reforço fortalece todas as respostas daquela classe, como vimos na generalização de resposta.

Através de uma série de aproximações reforçadas de um organismo, uma resposta rara pode ser aumentada até uma probabilidade muito alta em pouco tempo. Se apenas reforçamos as respostas mais extremas na escala de respostas emitidas, a constituição da classe muda naquela direção. Haverá ainda variação, mas as respostas variarão em torno de uma nova posição. Algumas variações de uma classe de respostas "diferenciam-se" e tornam-se condicionadas, enquanto outras da mesma classe são extintas.

Se só as respostas dadas na direção de algum comportamento desejado são reforçadas, esta classe de respostas derivar-se-á nessa direção. Quando respostas subseqüentes são emitidas ainda mais semelhantes ao comportamento desejado, elas são reforçadas vezes e vezes e a classe de respostas se desvia gradualmente para aquela direção. Se isto é feito de maneira gradual e crescente, o organismo é condicionado a comportar-se de modo muito extremo que sem isso não teria ocorrido. Uma série de diferenciações dessa natureza é chamada *modelagem* ou método de *aproximações sucessivas*.

A tarefa de modelar o comportamento exige considerável aptidão como pode ser visto pela descrição de Reese:

> Como a resposta reforçada é uma que precede imediatamente o reforço, é importante reforçar rapidamente o comportamento desejado, antes que outra resposta intervenha... À medida que novas aproximações são alcançadas e reforçadas, as anteriores são extintas. Se progredimos muito devagar, o paciente pode saciar-se ou determinada aproximação pode tornar-se tão firmemente estabelecida a ponto de haver pouca probabilidade de ocorrer outra resposta. Se progredimos rapidamente demais, exigindo uma aproximação que ainda não tem probabilidade de ocorrer, o comportamento que modelamos começará a extinguir-se e precisaremos voltar a uma aproximação anterior e avançar de novo.
>
> Modelagem habilidosa, consiste em selecionar as respostas corretas para reforçar e em saber por quanto tempo reforçar cada aproximação, antes de passar para a seguinte. Como o reforço deve ser aplicado imediatamente, não há tempo para esperar que uma resposta ocorra e depois se deve ou não ser reforçada. O experimentador (ou treinador de animal, professor ou pai), precisa *prever* a resposta, a fim de ser capaz de reforçá-la imediatamente. Precisa predizer o comportamento antes de poder controlá-lo, e saber se o comportamento tem probabilidade de ocorrer em que condições e a única maneira de fazê-lo é conhecer muito bem seu paciente.[5]

Não é difícil encontrar exemplos dos princípios de modelagem na vida cotidiana. Crianças brincando de esconder objetos, utilizam o processo de modelagem ao gritar "você está ficando quente", quando alguém que procura o objeto faz um movimento na direção do esconderijo. Reforços sob a forma de "realimentação" aumentam as freqüências de movimentos seguidos pelo reforçador.

A operação dos princípios de diferenciação e aproximação sucessiva não se limita a comportamentos extremos. Embora seja mais dramaticamente ilustrada em tais casos, é igualmente importante na modelagem de comportamento que chamamos de "normal". A maior parte de nossos comportamentos que foram reforçados por pais, professores e pessoas próximas, modelam nossas respostas na direção da média e não do extremo. O desenvolvimento de linguagem processa-se por sucessivas aproximações que foram reforçadas. Se esperássemos perfeita articulação de uma palavra antes de reforçar uma criança, ela talvez nunca adquirisse adequadas aptidões de linguagem. Se um treinador espera que seu quadro de futebol tenha uma temporada perfeita antes de proporcionar reforços, é duvidoso que ele chegue a alcançar esse objetivo. A mudança gradual causada por reforço de aproximações sucessivas, é um processo contínuo de modelagem. O comportamento que observamos foi continuamente modificado a partir de um repertório básico que era em grande parte não diferenciado. Skinner considera a modelagem de comportamento, análoga à modelagem de uma massa de argila por um escultor. "Em ponto nenhum surge alguma coisa que seja muito diferente daquela que a precedeu... Não podemos encontrar um ponto no qual ela apareça de repente."[6]

A imediaticidade de reforço é crítica no condicionamento, pois sem ela a precisão do efeito diferencial é perdida. Esta é uma das principais dificuldades no ensino tradicional em sala de aulas, onde o professor tenta ser receptivo aos comportamentos de talvez 30 estudantes.

Um reforço não é proporcionado apenas por conseqüências que planejamos; reforçadores naturais sob a forma de realimentação do mundo exterior e dos movimentos de nosso corpo modelam nosso comportamento em muitos casos. Esses possuem maior probabilidade de satisfazer o critério de imediaticidade de reforço. Por exemplo, pelo reforço de casos ligeiramente excepcionais de seu comportamento, uma criança aprende a rolar, sentar-se, ficar em pé, gatinhar e finalmente andar. Essas mudanças de comportamento não dependem predominantemente de mudanças no mundo exterior. Há menos indícios de fora para dizer-lhe quando um reforço é disponível e quando não é. Mais exatamente, a realimentação é proporcionada pelo próprio movimento, mais do que por uma fonte externa.

Em considerável medida, boa forma no golfe ou no boliche é desenvolvida e mantida por realimentação dessa espécie. É evidente, porém, que os efeitos de comportamento sobre a bola de golfe ou os pinos de boliche são necessários para manter o poder reforçador de realimentação corporal.

Em outros casos, um reforço pode ser fornecido de maneira relativamente automática pelo ambiente. Quando um carro diminui a velocidade subindo um monte, nós apertamos o acelerador. Quando um estudante na última fileira indica que não consegue ouvir, nós falamos mais alto. Tocando um instrumento, importantes diferenças nas conseqüências, como um vibrar no violino, dependem de finas diferenças em nosso comportamento. Reforçadores negativos são também importantes no refinamento de aptidões. Por exemplo, as conseqüências que estão envolvidas no condicionamento de andar, subir escada ou andar de bicicleta são em grande parte escape de quedas.

Punição

Anteriormente discutimos processos de extinção, a ausência de reforço de uma resposta, para eliminar um comportamento. Provavelmente o método mais comum usado para eliminar um comportamento é a punição. Embora punição seja um assunto altamente complexo e controvertido que gerou considerável pesquisa, a intenção aqui é apresentar a posição de Skinner: a de que com o passar do tempo, ao contrário de reforço, a punição "atua em desvantagem para ambos, tanto para o organismo punido quanto para o agente punidor.

Ostensivamente, a punição é usada para reduzir tendências em determinados comportamentos. Espancamos ou repreendemos crianças por mau comportamento; multamos, encarceramos ou condenamos a trabalho forçado, adultos que violam leis; ameaçamos, censuramos, desaprovamos, banimos, coagimos, em nossos esforços para controlar o comportamento social. Punição é de fato o que se supõe ser?

Descobriu-se que os efeitos de punição não são opostos aos de recompensa. Punição não subtrai respostas onde os reforços as acrescentam. Parece antes que suprimem temporariamente um comportamento e quando a punição é suspensa, as respostas reaparecem com o tempo. Mas este é apenas um aspecto do tópico. Examinemo-lo de maneira mais minuciosa.

Skinner define punição de duas maneiras: primeiro, como negação de um reforçador positivo e, segundo, como apresentação de um reforçador negativo ou estímulo aversivo. Tiramos o doce de uma criança ou a espancamos. Note-se que o arranjo na punição é oposto àquele do reforço, onde um reforçador positivo é apresentado e um reforçador negativo é retirado.

Como retiramos reforçadores positivos para extinguir uma resposta e também para puni-la, deve ser feita uma distinção. Quando uma resposta é dada e nenhum reforço se segue, isto é, *nada* acontece, a resposta gradualmente se extingue. Contudo, se *retiramos* um reforçador e a retirada do reforçador é dependente de uma resposta, o ato de responder é suprimido mais rapidamente. A última é punição. Às vezes, retiramos um privilégio de uma criança para controlar seu comportamento. Uma professora pode conservar uma criança na sala de aulas durante o recreio ou cancelar uma excursão ao campo, em resultado de mau comportamento. Desligar o televisor quando uma criança põe o dedo na boca pode efetivamente suprimir o ato de chupar o dedo. Numerosas punições desta espécie utilizam reforçadores condicionados ou generalizados. Muito freqüentemente, adultos retiram atenção ou afeição como punição de mau comportamento, às vezes de maneiras sutís.

A retirada de oportunidade de obter reforço (chamada "time out") é usada por pais e tem sido usada experimentalmente para modificar o comportamento. No mais das vezes, isso é feito retirando-se o paciente da situação reforçadora; por exemplo, "vá para seu quarto", "sente-se no canto". Se a situação da qual a criança é retirada está proporcionando reforço, existe presumivelmente motivação para voltar. Contudo, um dos riscos assumidos no emprego de punição pode ser aqui ilustrado. Mandando uma criança para fora da classe por mau comportamento, podemos estar reforçando comportamento de fuga. Se seus comportamentos na sala de aulas não são positivamente reforçados, de modo geral, deixar a sala de aulas pode ser reforçado pela fuga de uma situação aversiva.

Mais comumente pensamos em punição como apresentação de um estímulo aversivo. Este não precisa ser aplicado por outra pessoa para afetar um comportamento subseqüente. A criança que toca um fogão quente ou que come morangos pelos quais tem alergia é punida por seu comportamento.

A maioria de nossas informações a respeito de punição, por motivos óbvios, foi produzida por pesquisa com pacientes não humanos — ratos, pombos, macacos. Por esta razão e por causa da variabilidade e complexidade de situações punitivas, só princípios tentativos podem ser apresentados. É altamente provável que haja um número de importantes variáveis, como a severidade da punição, a freqüência de seu uso e o grau de motivação que influencia um comportamento sob condições punitivas. Punição parece suprimir resposta só temporariamente. Quando a punição cessa, a resposta restabelece-se gradualmente. Se a punição é severa, porém, há pouco restabelecimento. Na maioria dos estudos, mesmo com pacientes humanos, se a motivação para comportamento punido é forte e não há comportamentos alternativos, o comportamento é apenas temporariamente suprimido. Quando a punição é retirada, a resposta volta à sua força anterior.

Skinner descreve três efeitos de punição. O primeiro efeito é a supressão de comportamento. Isto parece ocorrer quando a resposta de alguém à punição é incompatível com o comportamento que está sendo punido. Levar uma criança a rir, fazendo caretas ou distraindo-a de alguma outra maneira é incompatível com choro, mas não é um exemplo de punição. Por outro lado, repreender uma criança por rir de maneira inapropriada na classe, leva a respostas que são incompatíveis com o riso e tende a suprimi-lo temporariamente.

Todavia, punição é aplicada com a intenção de obter efeitos mais duradouros. É previsto que a punição não será necessária em situações futuras para controlar o comportamento.

À medida em que um comportamento indesejável é suprimido sem controle direto, é explicada através do condicionamento de respostas emocionais, que é o segundo efeito de punição. Estímulos que precedem e acompanham a punição, adquirem propriedades aversivas. Tornam-se estímulos condicionados aversivos e sua presença suprime o comportamento. Se o pai ou a mãe diz "não-não" e bate na mão da criança, a própria expressão verbal se torna aversiva através de condicionamento e suprime o comportamento. Igualmente a carranca de um professor ou outra indicação é suficiente para produzir uma resposta em um estudante porque a carranca no passado, ocorreu na presença de punição. Se em ocasiões posteriores esses estímulos aversivos condicionados precedem punição por período de tempo suficiente para observar mudanças em comportamento, vemos resultados que são chamados *ansiedade*.

Punição parece ser sempre acompanhada por ansiedade. Quase todo estímulo aversivo muito forte é precedido de um estímulo discriminado que pode gerar essas respostas emocionais. Considere sua reação ao ver um trem correndo pelos trilhos em direção a um automóvel enguiçado. Um dos problemas de ansiedade é que ela interfere no comportamento normal do indivíduo e pode mesmo impedir que ocorra apropriado comportamento de fuga. Isto acontece porque ansiedade inclui mudanças respondentes como intensificação do ritmo do coração, pressão arterial, respiração e tensão muscular, que explicam seus efeitos de longo alcance. Esses respondentes são incompatíveis com a maior parte do comportamento operante e seu efeito debilitante deve ser considerado como possível subproduto de severa punição. Por exemplo, se um comportamento sexual é severamente punido, o estímulo condicionado dá origem a respostas emocionais que interferem na complementação do comportamento. Contudo, a punição e estímulos subseqüentes podem mais tarde interferir em comportamento sexual socialmente aceitável, evocando um comportamento respondente incompatível e suprimindo o comportamento operante. As emoções despertadas nessas circunstâncias são os principais ingredientes de culpa ou vergonha. A ansiedade pode igualmente interferir no desempenho do estudante em situações de teste. Se os testes foram usados como ameaças no passado, os próprios testes constituem punição e são acompanhados de mudanças respondentes que chamamos de ansiedade.

Ainda não temos razão para supor que o comportamento punido tenha sido permanentemente enfraquecido. É agora temporariamente suprimido por estímulos condicionados, em oposição à própria punição. O terceiro e mais importante efeito de punição é o seguinte. Anteriormente, observamos que estímulos mentais adquirem propriedades aversivas através de um processo de substituição de estímulo. À vista ou som de uma abelha é suficiente para produzir comportamento de fuga. Nesse caso, estamos evitando estímulos aversivos condicionados, não da picada da abelha propriamente dita, e nosso comportamento é reforçado.

Quando a criança vai acender fósforos, o comportamento pelo qual foi anteriormente punida, são gerados estímulos condicionados aversivos, resultantes de seu comportamento (ansiedade) e da vista da caixa de fósforos. Largar os fósforos ou respostas de fuga semelhantes, são reforçadas porque proporcionam esquivar-se dos estímulos aversivos condicionados. Mais punição foi evitada.

Agora, se a punição dessa maneira é repetidamente evitada, em outras palavras, pela fuga de estímulos condicionados, as respostas aos estímulos aversivos condicionados sofrem extinção. O comportamento incompatível (em nosso exemplo, o de largar os fósforos), é menos fortemente reforçado e o comportamento punido volta com o tempo. Suponhamos que nessa ocasião a criança acenda um fósforo e queime o dedo. Estímulos são recondicionados através da punição e fazer alguma coisa, como não brincar com fósforos é novamente reforçado. Se a punição (queimar o dedo) não ocorre de novo, à medida que se desenvolve sua aptidão de acender fósforos, o comportamento volta com plena força.

Punição severa sem dúvida tem o efeito imediato de reduzir determinada resposta. Pessoas continuam a usar punição para controle comportamental por essa razão. Outra razão que tem sido apresentada para o emprego generalizado de punição é que a punição reforça o punidor. Quando ocorre um comportamento que é aversivo para nós, como comportamento inconveniente ou rude de uma criança, nós a punimos. Pela nossa resposta de punir, o comportamento inoportuno (estímulo aversivo) é retirado, constituindo reforço negativo. Mesmo que o comportamento suprimido volte de vez em quando, ou que a punição pareça dar resultado apenas de vez em quando, o esquema intermitente reforça e sustenta o comportamento punidor dos pais. A maioria dos adultos acredita que punição é um método de controle necessário e eficaz.

A posição de Skinner é, portanto, a de que a longo prazo, punição não elimina realmente um comportamento e a supressão temporária é obtida ao tremendo custo de reduzir eficiência e felicidade. Podemos evitar o emprego de punição, enfraquecendo comportamentos de outras maneiras. Se não é possível estabelecer condições para extinção, isto é, negação de reforço em seguida a resposta, condicionar outro comportamento incompatível através de reforço positivo, pode eliminar um comportamento indesejável. É bem possível que suprimir temporariamente uma resposta através de punição branda seja eficaz porque ocorre uma resposta alternativa, que é então fortalecida mediante reforçadores positivos. Reforço positivo direto é sempre preferível porque parece ter menos subprodutos condenáveis.

Encadeamento

Os processos de discriminação e diferenciação que discutimos, atuam juntos durante toda nossa vida. Como adultos adquirimos vasto número de respostas diferenciadas que podem ser dadas a um número ainda maior de estímulos discriminados. Mudamos habilmente de uma resposta para outra à medida que mudam os padrões de estímulos com que nos defrontamos. Comportamento em situações cotidianas parece ser uma seqüência em progresso contínuo, com uma resposta levando a outra suavemente. Quando uma resposta produz ou altera as variáveis que controlam outra resposta, isso recebe o nome de encadeamento. Na realidade, a maioria dos comportamentos ocorre em cadeias. Contar ou dizer as letras do alfabeto são exemplos simples de cadeias, nas quais a resposta de dizer o primeiro número ou letra, proporciona o estímulo discriminado para o segundo número ou letra e assim por diante.

Cadeias não se limitam à produção de estímulos discriminados, pois outras variáveis podem ser alteradas por comportamento. Quando jantamos, cada bocado que comemos tem o efeito habitual de tornar o bocado seguinte menos provável, porque a condição de privação está sendo modificada.

Em sua maior parte, porém, estímulos discriminados evocam respostas diferenciais, que produzem outros estímulos discriminados e respostas diferenciais, que finalmente levam a reforços.

Keller descreve o comportamento de um rato branco chamado Pliny, que ilustra eficientemente o produto final de condicionamento de uma cadeia de respostas:

> Ele primeiro puxava um cordão que pendia do alto de sua gaiola. Esse puxão fazia com que uma bola de gude fosse solta de uma estante no alto. Quando a bola de gude caía ao chão, ele a apanhava com as patas dianteiras e a levava através da gaiola até um pequeno tubo que se projetava verticalmente, duas polegadas acima do piso. Depois, ele erguia a bola até o alto do tubo e a deixava cair dentro, com o que a bolinha de alimento era automaticamente descarregada em uma bandeja próxima. Pliny aproximava-se então da bandeja, apanhava a bolinha de alimento, comia-a e voltava a repetir a seqüência de atos.[8]

Em comportamento humano, unidades que podem ter sido originariamente muito diferentes agrupam-se em unidades maiores, o que torna muito difícil para um observador identificar os diferentes elos em uma cadeia. Tendemos a pensar no ato de vestir-se como tarefa relativamente simples, mas quando se tenta ensinar esse comportamento, por exemplo, a uma criança retardada, sua complexidade é ampliada. Devemos perceber que uma seqüência de comportamento, como vestir a calça, é uma cadeia de respostas e pode ser muito difícil para uma criança retardada dominar tudo de uma vez. Por cuidadosa análise de comportamento, podem ser identificados pedaços de comportamento a serem aprendidos.

Cadeias de respostas parecem ser estabelecidas de trás para diante. Por exemplo, a última resposta a ser adquirida por Pliny foi puxar o cordão, que é a primeira resposta na cadeia. O primeiro elo em uma seqüência é o último a ser acrescentado. Quando possível, portanto, é melhor ensinar seqüências longas começando perto do *fim* de uma seqüência, ensinando primeiro o último passo. Para vestir uma calça, o treinador ajuda a criança a entrar na calça de modo que ela fique quase vestida. Depois pede à criança que puxe-a para cima. No começo talvez seja necessário pôr suas mãos na calça, reforçar, tocando-a ou puxando-a ligeiramente. Aproximações mais estreitas são necessárias para reforço à medida que o comportamento é modelado.

No passo seguinte, a criança é ajudada novamente a entrar na calça, mas desta vez ela é deixada mais baixa em suas pernas, talvez abaixo dos joelhos. Ela é novamente instruída a puxar a calça para cima. À medida que o comportamento é modificado, o reforço é geralmente proporcionado apenas com a complementação do ato inteiro de puxar a calça para cima. Se é encontrada dificuldade, torna-se necessário voltar atrás e modelar mais gradualmente.

Na última fase, a calça é colocada em frente da criança e pede-se a ela que vista sua calça. A tentativa de pôr os pés dentro da calça é reforçada, como são outros passos na seqüência. Finalmente, à medida que a aptidão da criança melhora em cada fase, a seqüência total é necessária antes que seja proporcionado reforço. Em geral, quando a aptidão foi adquirida, outros reforços mantêm o comportamento. Vestir-se geralmente é seguido pelo desjejum e esse reforço é dependente da criança ter-se vestido.

Alguns tipos de estímulos envolvidos no encadeamento são internos do organismo e alguns são externos. Estímulos internos surgem dos intestinos, glândulas e músculos. Além disso, uma resposta pode produzir estímulos externos; caminhar traz a ocorrência de novos estímulos visuais, por exemplo. Falar consiste em movimentos musculares e em nossa resposta vocal que produz estímulos sonoros. Esses estímulos auditivos são importantes na manutenção de nossas seqüências de respostas de fala. Assim, qualquer estímulo que uma resposta produz, pode vir a controlar a resposta seguinte na cadeia.

Imitação

Apesar da forte crença em contrário, o comportamento imitativo não parece resultar de qualquer mecanismo reflexo inerente (por exemplo, o conceito freudiano de identificação). A imitação desenvolve-se como resultado de reforços discriminativos. Uma resposta é dada na presença de um estímulo e é reforçada.

O comportamento de imitar outros é tão bem desenvolvido na pessoa mediana que esquecemos suas origens e ele é facilmente aceito como parte inerente do comportamento da pessoa.

A imitação desempenha importante papel na aprendizagem humana. No desenvolvimento de linguagem, por exemplo, as vocalizações espontâneas da criança que se aproximam da linguagem do adulto são reforçadas. O pai ou a mãe reforçam o comportamento imitativo. Pronunciamos o nome de um objeto e dizemos à criança para repetir o que falamos. Quando ela o faz, nós a elogiamos. O vocabulário é, portanto, desenvolvido — pelo menos em parte — pelo reforço de respostas imitativas.

A imitação é também encorajada no desenvolvimento de aptidão. Com muita freqüência, demonstramos aptidões ao aprendiz, dizendo "olhe o que eu faço" ou "vou mostrar-lhe". Observar as conseqüências do comportamento de outro afeta o grau em que um modelo é imitado. (Bandura e Walters[9] passaram em revista a pesquisa nesta área).

A imitação reversa também ocorre. Podemos facilmente estabelecer um comportamento, no qual o imitador faz exatamente o oposto da pessoa que está sendo imitada (dança, tênis, esgrima). Em tais casos, uma resposta da parte de um indivíduo, constitui um estímulo discriminativo para uma resposta diferente da parte do outro.

Embora haja muito mais coisas que podem ser ditas a respeito do sistema de Skinner — e muitos detalhes foram omitidos — chegamos aqui ao fim desta parte de nossa discussão. No capítulo que se segue focalizaremos mais especificamente as implicações educacionais da teoria.

CAPÍTULO 5

Implicações no Ensino: A Tecnologia do Ensino

Existem várias deficiências notáveis em nossos atuais métodos de ensino, do ponto de vista de Skinner. Progressos em nosso controle do processo de aprendizagem nos últimos anos sugerem uma revisão completa nas práticas de sala de aulas. Como a educação afeta todos nós, talvez seja ela o ramo mais importante da tecnologia científica. Certamente, devemos focalizar meios de melhorá-la, meios que estão a nosso alcance.

Um dos grandes problemas no ensino, diz Skinner, é o uso de controle aversivo. Embora algumas escolas ainda usem punição física, em geral houve mudança para medidas não corporais como ridículo, repreensão, sarcasmo, crítica, lição de casa adicional, trabalho forçado, retirada de privilégios. Exames são usados como ameaças e são destinados principalmente a mostrar o que o estudante não sabe e coagi-lo a estudar. O estudante passa grande parte de seu dia fazendo coisas que não deseja fazer e para as quais não há reforços positivos. Em conseqüência, ele trabalha principalmente para fugir de estimulação aversiva. Faz o que tem a fazer porque o professor detém o poder e autoridade. Mas, com o tempo, o estudante descobre outros meios de fugir. Ele chega atrasado ou falta, não presta atenção (retirando assim reforçadores do professor), devaneia ou fica se mexendo, esquece o que aprendeu, pode tornar-se agressivo e recusar obedecer,

109

pode abandonar os estudos quando adquire o direito legal de fazê-lo.

Skinner acredita que os professores, em sua maioria, são humanos e não desejam usar controles aversivos. Conseqüentemente, eles também se sentem infelizes com sua situação. Técnicas aversivas continuam sendo usadas, com toda probabilidade, porque não foram desenvolvidas alternativas eficazes.

As crianças aprendem sem ser ensinadas, diz Skinner, porque estão naturalmente interessadas em algumas atividades e aprendem sozinhas. Por esta razão, alguns educadores preconizam o emprego do método de descoberta. Mas, diz Skinner, descoberta não é solução para o problema de educação. Para ser forte, uma cultura precisa transmitir-se; precisa dar às crianças seu acúmulo de conhecimento, aptidões e práticas sociais e éticas. A instituição de educação foi estabelecida para servir a esse propósito. Além disso, grandes pensadores construiram sobre o passado, em lugar de perder tempo em redescobri-lo. Poderíamos acreditar seriamente que crianças sejam capazes de descobrir as aptidões de leitura e escrita, matemática e genética? Certamente estudantes devem ser encorajados a explorar, a fazer perguntas, a trabalhar e estudar independentemente, para serem criativos. Não se segue daí que essas coisas só possam ser obtidas através de um método de descoberta.

Além disso, de acordo com Skinner, estudantes não aprendem simplesmente fazendo. Nem aprendem simplesmente por exercício ou prática. A partir apenas de experiência, um estudante provavelmente nada aprende. Simplesmente estar em contato com o ambiente não significa que ele o perceberá. Para ocorrer aprendizagem devemos reconhecer a resposta, a ocasião em que ocorrem as respostas e as conseqüências da resposta. A fim de que as escolas realizem seu propósito, um controle efetivo de comportamento precisa ser obtido. Isto se realiza através de técnicas especiais, destinadas a arranjar contingências de reforço, às relações entre comportamento, de um lado, e as conseqüências do mesmo comportamento, de outro lado.

Para Skinner, a aplicação de seus métodos à educação é simples e direta. Ensinar é simplesmente o arranjo de contingências de reforço sob as quais estudantes aprendem. Embora estudantes aprendam em seus ambientes naturais, é responsabilidade do professor *apressar* e assegurar a aquisição de comportamento, que de outra maneira talvez não fosse aprendido.

Tecnicamente falando, o que está faltando na sala de aulas, diz Skinner, é reforço positivo. Estudantes não aprendem simplesmente quando alguma coisa lhes é mostrada ou contada. Em suas vidas cotidianas, eles se comportam e aprendem por causa das conseqüências de seus atos. As crianças lembram, porque foram reforçadas para lembrar o que viram ou ouviram.

Para Skinner, a escola está interessada em transmitir à criança grande número de respostas. A primeira tarefa é modelar as respostas, mas a tarefa principal é colocar o comportamento sob numerosas espécies de controle de estímulo. Que reforços estão envolvidos? Depois de quanto tempo eles se seguem à resposta? Até que ponto os materiais são cuidadosamente seqüenciados e cada passo é reforçado? Com que freqüência são fornecidos reforços?

Antes de tudo, pergunta Skinner, que reforços estão à disposição de professores? O próprio material a ser aprendido pode ter considerável reforço automático. Sabendo disso, muitos professores planejam meios de tornar o trabalho escolar mais interessante. Ademais, há em uma sala de aulas muitas coisas que atraem estudantes, como por exemplo, brinquedos, tintas, tesoura e papel, quebra-cabeças, livros da biblioteca, gravações musicais. Com freqüência, essas coisas mantêm atividade e podem ser usadas eficazmente por professores como reforçadores de comportamento apropriado. A quantidade líquida de reforço, acentua, tem pouca significação. Reforço muito ligeiro pode ser muito eficaz se apropriadamente usado.

Se reforçadores inerentes à matéria ou à escola não são suficientes, reforços planejados devem ser usados para controlar o comportamento. Para alguns estudantes, os reforços secundários encontrados na escola não fazem parte de sua história de reforço e mostram-se ineficazes. Pode-se permitir que a criança se dedique a atividades que ela mesmo escolhe, dependa das conseqüências de comportamento contingente a serem estabelecidas como tarefas dadas pelo professor. A aprovação ou afeição do professor, funciona como elemento reforçador e é tradicionalmente usada para obter e manter controle.

Outra questão, é como os reforços podem ser contingentes sobre o comportamento apropriado? A resposta de Skinner é que para tornar o estudante competente em qualquer área de matéria, deve-se dividir o material em passos muito pequenos. Os reforços devem ser contingentes a cada passo da conclusão satisfatória, pois os reforços ocorrem freqüentemente, quando cada passo sucessivo no esquema, for o menor possível.

Na sala de aulas tradicional, as contingências de reforço mais eficientes para controlar o estudante, provavelmente estão além das capacidades de um professor. Por isso, sustenta Skinner, aparelhos mecânicos e elétricos devem ser usados para maior aquisição.

A *máquina de ensinar*

A mais conhecida aplicação educacional do trabalho de Skinner é sem dúvida instrução programada e máquinas de ensinar. Em educação, o comportamento a ser modelado e mantido é geralmente verbal e pode ser posto sob o controle de estímulo tanto verbais quanto não verbais. Isto é melhor realizado por uma máquina.

Existem várias espécies de máquinas de ensinar. Embora seu custo e complexidade variem consideravelmente, a maioria das máquinas executa função semelhante. Tipicamente, a máquina possui uma fenda através da qual aparece uma declaração e/ou pergunta. Há uma segunda abertura através da qual o estudante escreve sua complementação ou resposta, geralmente em uma fita separada. Há também algum arranjo pelo qual o estudante pode mover uma tampa corrediça para descobrir a resposta correta. Em algumas máquinas isso é feito automaticamente, quando o estudante avança o papel para o quadro seguinte. O mesmo movimento cobre sua própria resposta escrita com uma tampa de vidro. Dessa maneira ele pode comparar sua resposta com a correta, mas não pode alterar o que escreveu. Pode depois mover-se para a declaração e pergunta seguinte à vista. A máquina é de tal modo arranjada, que uma pergunta precisa ser completada antes que possa ser vista a pergunta seguinte.

Skinner acredita que as máquinas de ensinar apresentam várias vantagens sobre outros métodos. Estudantes podem compor sua própria resposta em lugar de escolhê-la em um conjunto de alternativas. Exige-se que lembrem mais, e não apenas que reconheçam — que dêem respostas e também que vejam quais são as respostas corretas. Ao adquirir o comportamento que foi programado, o estudante passa por uma seqüência de passos cuidadosamente planejados, às vezes de considerável duração. Cada passo deve ser tão pequeno a ponto de obter-se sucesso e, ao mesmo tempo, com o passo o estudante move-se para um pouco mais perto do comportamento desejado. A máquina assegura que esses passos sejam dados em uma ordem cuidadosamente prescrita.

Embora, é claro, a máquina propriamente dita não ensine, ela coloca estudantes em contato com o professor ou a pessoa que escreve o programa. Em muitos aspectos, diz Skinner, é como um professor particular, no sentido de haver constante intercâmbio entre o programa e o estudante. A máquina mantém o estudante ativo e alerta. Insiste em que determinado ponto ou passo seja dominado antes que o estudante tenha permissão para avançar. Como um professor particular, a máquina só apresenta material para o qual o estudante está preparado. Além disso, ajuda o estudante a obter a resposta correta através da construção ordenada do programa e por certas sugestões ou incitações introduzidas em cada quadro do programa. E, finalmente, a máquina, como o professor particular, reforça o estudante para cada resposta correta usando realimentação imediata para modelar e manter o comportamento. O estudante não precisa esperar que o professor corrija os trabalhos e lhe diga se estava certo ou errado.

Evidentemente, entre as vantagens da máquina de ensinar está a de que cada estudante pode progredir em seu próprio ritmo, completando o trabalho que puder, no tempo concebido. Ninguém é amarrado pelo progresso lento de outros estudantes mais vagarosos, nem os estudantes mais vagarosos são pressionados pelo desempenho de estudantes mais rápidos. Se um estudante falta, ele pode voltar e começar onde parou. Por meio de máquinas de ensinar, portanto, um professor pode supervisionar uma classe inteira ao mesmo tempo e, ainda assim, individualizar a instrução. O professor fica livre de muitas tarefas escolares mecânicas e tediosas, como por exemplo, dar nota em trabalhos. A máquina de Skinner permite que o professor dedique suas energias a formas mais sutís de instrução, como discussão.

Materiais programados

O sucesso de tais máquinas depende, naturalmente, do material nelas usado. Podem hoje, ser encontrados comercialmente numerosos programas em quase qualquer área de matéria, mas muitos professores estão aprendendo a escrever seus próprios programas. Os programas não precisam ser necessariamente usados em máquinas; muitos são escritos em forma de livro. Todavia, um programa distingue-se de um *livro de texto*, pelo fato do livro ser apenas uma fonte de material a que o estudante se expõe. Não há interação planejada entre o livro e o leitor; nenhuma resposta necessária é esperada e, conseqüentemente, não é possível reforço ou realimentação quanto à correção de respostas. A verdadeira instrução é relacionada com o texto, mas separada dele.

Programa é a verdadeira instrução e a aprendizagem ocorre durante a participação, não mais tarde. O sucesso ou malogro do estudante depende do programa — não do professor ou do que acontece depois.

A fim de ilustrar um programa, são apresentadas abaixo partes de dois programas. O primeiro é um conjunto de seis quadros destinados a ensinar um aluno de terceira ou quarta série a soletrar a palavra *"manufacture"* (manufatura):

1. "Manufacture" significa fazer ou construir. "Factories" (fábricas) de cadeiras. Copie a palavra aqui:
☐ ☐ ☐ ☐ ☐ ☐ ☐ ☐ ☐ ☐ ☐

2. Parte da palavra é parecida com a palavra "factory" (fábrica). As duas partes vêm de uma velha palavra que significa *fazer* ou *construir*.
manu ☐ ☐ ☐ ☐ ure

3. Parte da palavra é como parte da palavra manual. As duas vêm de uma palavra antiga que significa mão. (Muitas coisas eram feitas à mão).
☐ ☐ ☐ ☐ facture

4. A mesma letra cabe nos dois quadrinhos:
m ☐ nuf ☐ cture

5. A mesma letra cabe em dois quadrinhos:
man ☐ fact ☐ re

6. As fábricas de cadeiras ☐ ☐ ☐ ☐ ☐ ☐ ☐ ☐ ☐ ☐ cadeiras.

Quando o aluno chega ao quadro 6, já compôs ou completou a palavra cinco vezes. Mesmo um mau estudante tem probabilidade de escrevê-la corretamente.

Ensinar ortografia, portanto, é encarado por Skinner principalmente, como um processo de modelar formas complexas de comportamento. Programas desta espécie podem estender-se por considerável duração. Com cinco ou seis quadros por palavra, a ortografia, da primeira à quarta séries pode exigir 20.000 a 25.000 quadros, segundo calcula Skinner. Apesar disso, quinze minutos por dia em uma máquina, devem mostrar-se adequados para ortografia. Assim, a máquina fica logo à disposição de outros estudantes.

No segundo exemplo de programação, são apresentados os oito primeiros quadros de um conjunto destinado a ensinar, a respeito da emissão de luz por uma fonte incandescente.[2] Usando o programa, apropriado para estudante de física na escola secundária, o estudante escreve uma palavra ou frase para completar determinado item, e depois descobre a palavra mostrada na coluna da direita.

Sentença a ser completada	Palavra a ser apresentada
1. As partes importantes de uma lanterna são a pilha e a lâmpada. Quando acendemos uma lanterna, fechamos uma chave que liga a pilha à □□□ □□□ □	lâmpada
2. Quando acendemos uma lanterna, uma corrente elétrica corre através do fino fio na □□□ □□□ e faz com que ela fique quente.	lâmpada
3. Quando o fio quente arde brilhantemente, dizemos que ele emite ou manda para fora calor e □□□	luz
4. O fino fio na lâmpada é chamado filamento. A lâmpada acende-se quando o filamento é aquecido pela passagem de uma corrente □□□ □□□ □□	elétrica

5. Quando uma pilha fraca produz pouca corrente, o fino fio ou ☐☐☐☐☐☐☐☐ não fica muito quente. — filamento

6. Um filamento que está menos quente emite ou manda para fora ☐☐☐ ☐☐ luz. — menos

7. "Emitir" quer dizer "mandar para fora". A quantidade de luz mandada para fora ou "emitida" por um filamento depende do grau em que o filamento está ☐☐☐ ☐☐☐ — quente

8. Quanto mais alta a temperatura do filamento, mais ☐☐☐ ☐☐ a luz emitida por ele. — brilhante ou forte

Skinner desenvolveu um programa manuscrito que usa um método chamado *fading*. A escrita à mão é modelada por reforço imediato à resposta correta e pela gradual retirada (isto é, *fading*) do estímulo controlador. O estímulo controlador poderia ser a letra *A*, que a criança escreve. À medida que uma série dessas letras é traçada, porções da letra são gradualmente retiradas e a criança finalmente compõe sozinha a letra inteira. São usados uma caneta especial e um papel quimicamente tratado, que muda da cor preta para o alaranjado, quando a criança não segue direito a letra. Assim, o reforço imediato é proporcionado através dessa realimentação, à medida que a criança escreve, ela pode corrigir seus erros.

Uma pergunta que se faz com freqüência, é se as máquinas substituirão professores. É claro que não, responde Skinner. Máquinas são equipamentos para serem usados com o propósito de poupar tempo e trabalho. Mas o papel do professor será mudado, pois muitas práticas tradicionais serão afetadas. Considere-se o conceito de dar notas. Se todo estudante, tendo tempo suficiente, completar tudo quanto é esperado em um curso, todos receberão nota *A*. A comparação entre o progresso de um estudante e o de outro não serve a objetivo algum, quando são usadas máquinas de ensinar.

Como a máquina de ensinar incorpora os princípios de Skinner? Porque o aprendiz precisa emitir uma resposta, Skinner considera o comportamento como de natureza operante. Além disso, certos estímulos passam a controlar a resposta, complementação de perguntas ou espaços em branco a serem preenchidos. Conseqüentemente, temos uma situação de estímulo discriminado na qual as respostas emitidas são aquelas desejadas nesta e só nesta situação de estímulo. Se o aprendiz dá a resposta correta, ele é reforçado imediatamente. Reforço é o conhecimento de resultados. Respostas erradas presumivelmente se extinguem porque não são reforçadas.

Como acentua Skinner, a programação é ainda parcialmente uma arte, mas está avançando firmemente para uma tecnologia. "Escolas e colégios passaram cada vez mais a confiar na seleção de estudantes que não precisam ser ensinados e, ao fazê-lo, passaram a dedicar cada vez menos atenção ao ensino. Entre as propostas atuais para reforma, a instrução programada é quase única no sentido de focalizar o processo de aprendizagem e sugerir práticas que efetivamente ensinam e não que selecionam aqueles capazes de aprender sem serem ensinados".[3]

Skinner tem muito mais a dizer a respeito de ensino, muito mais do que pode ser tratado neste livro. O leitor é encorajado a examinar *Tecnologia do Ensino* para um tratamento de maior profundidade.

Estranhamente, uma grande preocupação e crítica em relação à tecnologia de ensino é que um alto grau de eficiência pode prejudicar a individualidade. Em um diálogo entre Richard I. Evans, professor de psicologia na Universidade de Houston, e B. F. Skinner, o primeiro perguntou: "O senhor vê a possibilidade de controlar o comportamento de maneira compatível com seus princípios sem praticar violência contra a individualidade?" Skinner respondeu: "Rousseau, cujo livro *Emílio* é realmente um grande tratado de educação, foi um campeão dos direitos humanos. Mas em um ponto ele escorregou. Ele diz algo semelhante a isto: "Você ensinará seu estudante à medida que ele deseje ser ensinado, mas nunca se esqueça de que está em seu poder fazer dele o que você deseja." E isto é verdade. O humanista que usa persuasão, argumento, incentivo, emulação ou entusiasmo para fazer um estudante aprender, está controlando o estudante de maneira tão definitiva quanto a pessoa que planeja um programa ou uma máquina de ensinar."[4]

Parte III

CARL R. ROGERS

A PSICOLOGIA HUMANÍSTICA

Existe em psicologia uma tradição tão forte e explícita quanto a psicologia científica natural, a qual tentou definir psicologia como o estudo da pessoa humana — o ponto de vista de que a psicologia faz parte das ciências humanas e não das ciências naturais. Cientistas e humanistas partilham do mesmo desejo de compreender o comportamento humano. Seus objetivos e seus métodos, porém, são muito diferentes. Psicólogos que de modo geral estão comprometidos com a ciência, preocupam-se em atender aos padrões mínimos de ciência, entendida como ciência natural. Encorajados pelos sucessos da física, química, biologia e astronomia, esses psicólogos adotaram suas atitudes e métodos no estudo do comportamento.

Porque a psicologia concebida como ciência natural, quase sempre ocupou posição dominante, aqueles que não estão de acordo com essa abordagem têm sido encarados como contestadores. Desde que a psicologia identificou-se como ciência — transcorridos já há algum tempo, — os dissidentes manifestaram objeções por muitos motivos, mas nunca foram representados como um grupo unificado. Sua fraqueza pode ser atribuída em parte a essa fragmentação. Abraham Maslow desenvolveu a noção da Terceira Força em psicologia no seu desejo de proporcionar uma identidade comum aos contestadores. Proeminente, então o psicólogo que tem dado impulso ao movimento da Terceira Força é Carl Rogers.

Para alguns dentro desse grupo, qualquer ciência do comportamento humano — tentando captar a essência do homem em um conjunto de elementos simbólicos e relações entre esses elementos — pratica a violência contra a natureza do homem. Desumaniza-o. Para esses críticos, um estudo científico do homem é grosseiro, insensível e superficial. Necessariamente, ciência só pode dirigir-se ao que há de trivial e óbvio no comportamento humano, deixando assim de fora, aqueles aspectos que mais nos interessem — sua unicidade, complexidade e imprevisibilidade.

Psicólogos científicos humanos, como Rogers, desejam uma concepção diferente de ciência — seja um novo tipo de ciência, seja uma significação mais ampla de ciência, que se mostre fiel aos fenômenos do homem. Para eles, fenômenos cotidianos da vida como experiências, sentimentos, significações, humor, são psicologicamente relevantes. A fim de estudá-los adequada e rigorosamente, e como são experimentados, são necessárias concepções, técnicas e processos não encontrados nas ciências naturais. Para Rogers, as premissas da abordagem científica natural não são apropriadas à singular matéria de psicologia. Ele está disposto a sacrificar precisão, pelo menos inicialmente, a fim de estudar os fenômenos que parecem ser mais relevantes.

Em sentido amplo, a maioria dos psicólogos de hoje está comprometida com o emprego do método científico, mas existe desacordo quanto às legítimas fronteiras externas desse método. Nos três capítulos seguintes, examinaremos o ponto de vista fenomenológico, tratando primeiro dos antecedentes históricos e premissas filosóficas, seguidos de um relato da fenomenologia rogeriana e da concepção de Rogers sobre o processo educacional.

CAPÍTULO 6

Antecedentes Históricos e Filosóficos

As duas abordagens filosóficas de pensamento e ação humanas, originalmente delineadas no mundo moderno por Leibnitz e Locke, a nativista e a empírica, continuaram a servir de base para muitas das controvérsias em psicologia. Aqueles que se consideram estritamente experimentalistas negam freqüentemente, qualquer ligação com as chamadas premissas básicas, indo mesmo tão longe quanto Skinner, que nega qualquer interesse pela tarefa de formação de teoria. Mas ser um experimentalista assim, é por si só, um exemplo da direção tomada pela tradição lockeana. De fato, as qualidades particulares de ambas as tradições foram acrescidas — através dos anos — da gradual acumulação de propriedades adicionais, que por sua vez serviram apenas para distinguir ainda mais seus respectivos adeptos e intensificar o desacordo entre eles. Como vimos, aqueles atraídos por uma abordagem empírica tornaram-se analíticos a ponto de recorrerem ao reducionismo; objetivos a ponto de serem positivistas e finalmente, descartarem-se completamente da introspecção como técnica de observação. Aqueles que permaneceram na tradição nativista de Descartes, Leibnitz e mais tarde Kant, podem ser encarados como tornados holisticamente oponentes, analiticamente introspectivos e racionalistas, contrários aos experimentalistas. Embora isso possa parecer uma supersimplificação da história da psicologia, a diferenciação das duas abor-

125

dagens filosóficas facilita nossa atual tarefa de traçar a história, do que é freqüentemente mencionado como Terceira Força em psicologia, isto é, a abordagem humanística.

No século XVIII e começo do século XIX, o associacionismo já estava encontrando oposição de várias fontes na Inglaterra, assim como a oposição de Kant às conclusões radicalmente empíricas de Hume. Segundo pensava Hume, a personalidade individual não consistia em mais do que uma série de experiências apresentadas ao acaso pelo ambiente. Se tais experiências parecem definir alguma forma de direção, é pela casualidade de seu próprio relacionamento objetivo e seqüencial, não pela atividade de qualquer agência interna unificadora, seja física, seja mental. Mas, Hume também encontrou oposição de seus próprios parentes escoceses, que se puseram a minar a base de associação em psicologia e construir um novo sistema, baseado no "senso comum" em oposição à observação estritamente empírica. Não quer isto dizer que filósofos voltaram à lógica dedutiva do escolasticismo, mas que procuraram demonstrar a unidade e coerência de toda vida mental, através de introspecção. Encaravam o indivíduo como uma entidade ativa, que dá forma e direção a experiências resultantes de interação com seu ambiente.

Semelhante a este movimento escocês, foi aquele mencionado anteriormente, a psicologia de faculdade na Alemanha. Com sua ênfase nos "modos últimos de funcionamento psíquico", posteriormente se fez sentir nas formulações de Kant. No começo do século XIX, os franceses também se juntaram a esse contínuo protesto contra o mecanismo do ponto de vista empírico extremo, encontrado no associacionismo. Sob a influência de uma nova era de idealismo francês, Maine de Biran desenvolveu uma psicologia verdadeiramente dinâmica. Sua preocupação era encontrar a gênese de autoconsciência no desenvolvimento da criança. O "self" era concebido como sendo responsável por aquela individualidade que é capaz de atividade integrada observável. Esta foi de fato uma reação contra abordagens mecanicistas; o "self" estava sendo aqui descrito como um agente experimentador, não como nada mais do que um registrador, capaz de registrar uma série de experiências seqüenciais. De Biran acreditava que o "self" se torna consciente de ˉsua própria existência, logo que um bebê começa pela primeira vez a fazer ajustamentos a seu ambiente externo. A primeira parte desse processo é principalmente mecânica; chorar e mover os membros. Mas, à medida que essas atividades são repetidas, especialmente quando encontram resistência do ambiente, ocorre uma divisão no campo da experiência. O ambiente é experimentado como um campo de objetos ou coisas, sobre o qual reagimos e que por sua vez reage sobre nós, mas no processo experimentamos a nós próprios como iniciando nossa própria reação. Isto é, experimentamos nós próprios como seres voluntários. Para usar os termos de um moderno e proeminente psicólogo de que falaremos mais tarde, Rollo May, tornamo-nos assim cônscios de nossa existência, como sujeito e como objeto; somos ao mesmo tempo o ator e o atuado. Para De Biran, o primeiro exercício da vontade humana pela criança, foi a causa efetiva do desenvolvimento de autoconsciência. Este desenvolvimento continuaria em direção a maior refinamento, à medida que a interação com o ambiente crescesse de complexidade. Natureza e comportamento humanos não eram, portanto, neste sistema, estritamente produtos de uma interação dinâmica entre um ser voluntário capaz de ação discriminatória e um ambiente flexível, não completamente resistente.

Esta oposição era ao associacionismo britânico e a seu correspondente na psicologia fisiológica, em desenvolvimento na Alemanha e França. Era uma tentativa de deter a maré de redução da imagem que o homem tem de si próprio, à de um mero objeto em um universo ordenado, legal, mas também indiferente. Essa imagem mecanicista do homem fora proclamada por Sir William Dampier: "...toda a concepção do Universo Natural foi mudada pelo reconhecimento de que o homem, sujeito às mesmas leis e processos físicos que o mundo à sua volta, não pode ser considerado separadamente do mundo, e que métodos científicos de observação, indução, dedução e experimentação são aplicáveis, não apenas à matéria original de ciência pura, mas a quase todos os numerosos e variados terrenos de pensamento e atividade humanos."[1]

Anteriormente, porém, Blaise Pascal (1623-1662), colega de Descartes em matemática e física, nos seus esforços para descobrir meios genuinamente adequados de compreender a natureza humana, havia escrito: "É perigoso mostrar ao homem com excessiva freqüência, que ele é igual às bestas, sem mostrar-lhe sua grandeza. É também perigoso mostrar-lhe com excessiva freqüência sua grandeza sem sua baixeza. É ainda mais perigoso deixá-lo ignorante de ambas. Mas, é muito desejável mostrar-lhe as duas juntas."[2]

Foi nesse espírito que os escoceses, a psicologia de faculdade alemã e os idealistas franceses, insistiram todos na capacidade da mente para dar ordem à experiência. No mesmo trecho de seus *Pensamentos*, Pascal também escreveu: "assim toda nossa dignidade reside no pensamento."[3] Como vimos, behavioristas, herdeiros a longo prazo do empirismo radical, puseram de lado as premissas sobre origens internas. Em retrospecto, interpretavam essas concepções anteriores e bastante idealistas de uma substância ou princípio unitário, como expressões de uma metafísica atavística. Behavioristas, como Hume antes deles, encararam a personalidade humana como mera configuração transitória, na qual fora trazida à existência por determinados estímulos particulares ambientais. Ao contrário da tradição em que vemos o francês Maine de Biran criar a hipótese da existência de uma estrutura integrada interna, chamada self, os behavioristas negavam toda espécie de estrutura autônoma, material e contínua, que pudesse apresentar qualidades generalizadoras sobre qualquer situação particular ambiental determinada. Na tentativa de encontrar meio termo nessa continuada controvérsia, David Ausubel escreveu sua refutação ao "mais extremado desses teóricos":

> A visão de personalidade é racionalizada com base em que, como um comportamento individual varia de fato, toda vez em que o contexto situacional é alterado, ele deve portanto ser determinado só pela última variável. É quase desnecessário acentuar, porém, que a demonstração de mudança comportamental, associada à variabilidade em um fator, não impede necessariamente a possibilidade de outras variáveis serem simultaneamente operativas. De fato, simplesmente invertendo o quadro, isto é, mantendo a situação constante e variando os indivíduos expostos a ela, poder-se-ia com igual facilidade, chegar à conclusão, igualmente unilateral, de que só fatores de personalidade determinam mudança comportamental.[4]

Sem dúvida, tornou-se evidente para o leitor que as questões formuladas quanto à natureza da personalidade humana, estão intimamente ligadas às questões epistemológicas a respeito da maneira como o homem deve ser estudado, isto é, investigado e sujeito a generalização. Deve-se notar, talvez, que mesmo a escolha de termos para descrever o objeto sob investigação — consciência humana, personalidade ou estruturas e qualidades mentais, em oposição ao comportamento especificamente humano — pressupõe certa orientação metodológica básica. O teólogo Maurice Friedman em sua análise crítica de várias possíveis "imagens contemporâneas de homem" passa em revista uma larga escala de tais orientações, desde "vitalismo" de Henri Bergson e "misticismo moderno" de Aldous Huxley até o cientificismo de pessoas como Sigmund Freud e Erich Fromm e "pragmatismo" (um desenvolvimento britânico) de outros, como William James, John Dewey e Harry Stack Sullivan.[5] Infelizmente, Friedman omitiu a consideração de behavioristas. Mas o fato é que, relativamente à distribuição tão larga de possíveis imagens do homem, tanto a posição nativista quanto a empírica, discutidas neste livro, devem ser encaradas dentro do contexto de uma orientação científica em desenvolvimento. Assim, no fim do século XIX, tornara-se cada vez mais claro que a escolha entre essas duas tradições, significava a escolha entre encarar a psicologia como uma ciência natural, isto é, uma ciência que sistematicamente se modela pela metodologia das ciências naturais, e encará-la como uma ciência humana, uma abordagem cuja metodologia consiste na preocupação primária, com sua matéria humana e se deriva dela. E, embora desde 1879, com a fundação do famoso laboratório de Wundt em Leipzig, até recentemente, o último ponto de vista tenha prevalecido, é justo dizer que nunca deixou de ser contestado. Sempre houve alguns filósofos de ciência dissidente e mesmo psicólogos que nunca cessaram suas tentativas de definir a psicologia como o estudo da pessoa humana.

De acordo com H. A. Hodges, organizador de um trabalho introdutório sobre o filósofo alemão Wilhelm Dilthey (1833-1911), e Amedeo Giorgi, professor contemporâneo de psicologia e defensor desse ponto de vista minoritário, foi Dilthey quem, mais suscintamente discerniu o caráter distintivo de uma ciência humana. Hodges escreveu esta declaração, sintetizando a orientação de Dilthey:

> (Dilthey) aponta para a posição dominante que foi ocupada, em muitos períodos da história filosófica, pelo estudo dos problemas apresentados pela matemática e ciências naturais... Mas, diz Dilthey, estamos agora em posição de ver que isso constitui apenas uma metade do "globus intellectualis", a outra metade é composta do estudo do homem na sociedade e na história. Aqui encontramos um tipo diferente de estudo. Em lugar de observar diretamente nosso objeto, temos que abordá-lo indiretamente, através de testemunho escrito e outras indicações semelhantes; em lugar de formular claramente teorias que

possam ser testadas por experiência, temos uma tentativa de analisar e descrever as complexidades concretas da vida; em lugar de explicação de determinados acontecimentos e processos através de leis gerais, temos uma apreciativa compreensão da significação e valor do indivíduo único. Não há razão para que uma esfera de conhecimento não seja tão inteiramente estudada pelos filósofos quanto a outra.[6]

Criticando a abordagem científica natural de psicologia, Dilthey não sugeria claramente que ela devesse tornar-se metafísica ou mesmo arte. Em lugar disso, apontou para uma posição entre ciências naturais e arte, como a orientação certa desse estudo disciplinado. Acreditava ele que as ciências humanas deviam necessariamente tratar do mundo humano, de significação e valor, daqueles produtos de uma mente ativa e uma vontade livre. Experiência deve ser estudada e interpretada tanto quanto aqueles fenômenos que expressam realidade espiritual interior. Tais fenômenos, ao contrário dos dados pelos quais se interessam as ciências naturais, não podem ser retirados de seu contexto histórico, pois é dentro desse contexto que a atividade humana ocorre, a ação é praticada e conseqüências são incorridas por seres de vontade livre, conscientes e necessariamente responsáveis. Não pode ser propósito de tal orientação formular leis, mas antes discernir e formular sistemas de valores. Até mesmo Skinner levantou, embora artificialmente, a questão: Como se pode ter uma ciência a respeito de uma criatura que pula de um lado para outro caprichosamente?

Para Dilthey, a psicologia como ciência natural foi muitas vezes instrutiva quando falava a respeito de sensações e seus atributos. Mas realmente, não prestou a menor contribuição genuína no reino daqueles fenômenos que constituem a medula definitiva do ser humano. Isto é, nada teve a dizer a respeito de imaginação criativa, autoconsciência, auto-sacrifício e um senso de obrigação, amor, devoção e simpatia. Realmente, Dilthey viu a outra extremidade do espectro, especulação metafísica, artes, literatura, como tendo tido, até agora, muito mais a oferecer a respeito de tais categorias. Ele não desejava, porém, que a psicologia procurasse um modelo dessa direção, mas que tomasse a sabedoria e visões interiores dos poetas e lhes desse expressão precisa e fundamento rigoroso e sistemático.

Talvez a mais limitada acusação de Dilthey ao ponto de vista de psicologia como ciência natural, tenha sido a distinção que traçou entre as ciências "descritivas" e as ciências explicativas.[7] Concordou ele em que todas as ciências devem procurar determinar leis que expressem a inter-relação dos dados em observação. Mas argumentou que uma ciência descritiva é aquela cujas leis são encontradas por verdadeira análise empírica, isto é, por cuidadoso exame do que é dado na experiência. Ciência explicativa, por outro lado, é aquela que tira suas leis de uma premissa metodológica que determina previamente sua natureza geral. Tal premissa, de acordo com Dilthey, não é mais do que uma mera construção hipotética. Em outras palavras, Dilthey apoiou a afirmação de que psicologia como ciência humana é, de fato, a herdeira coerentemente verdadeira da tradição empírica, pois toma como dados, aquilo que é realmente fornecido na experiência individual de consciência. Esta é claramente uma especificação definitiva sobre o que é chamado "fenomenologicamente" abordagem. Ele parece mesmo ter traçado um estreito paralelo entre o que equivale à escolástica medieval (verdade sendo baseada em noções pré-concebidas e previsões) e seu oposto tradicional, as ciências naturais.

Carl Rogers, líder reconhecido da psicologia humanística contemporânea e crítico direto da abordagem skinneriana, fez o mesmo mais recentemente. Em suas observações em uma conferência convocada para examinar "alguns dos problemas mais específicos, que atormentam o cientista comportamental", estava incluído o seguinte:

> Estamos querendo que o modelo e os métodos de nossa ciência surjam naturalmente dos problemas de nossa ciência? Podemos trabalhar nas questões centrais — seja uma questão de função do cérebro, armazenagem de memória, reação a amor, a influência do grupo sobre atitudes, as significações de valores no comportamento, ou qualquer outra coisa — e simplesmente desenvolver métodos pertinentes e relevantes para aquelas questões? Podemos construir uma ciência psicológica ou uma ciência comportamental que resulte dos problemas encontrados no estudo do homem inteiro em seu ser subjetivo e objetivo? Ou devemos achar que nossa ciência só pode ser uma cópia da ciência newtoniana — modelo já antiquado em seu próprio terreno?[8]

Os pontos de vista de Dilthey nessas observações, sugerem claramente a direção a ser tomada pelas ciências humanas.

Se a defesa feita por Dilthey baseada em uma abordagem humanística foi um tanto ignorada por seus contemporâneos, o mesmo não aconteceu com Franz Brentano (1838-1917). As idéias defendidas por Brentano influenciaram diretamente uma tendência experimental, primeiro conhecida como Escola de Wurzburg, que se opunha ao estruturalismo de Wundt, e posteriormente sucedida por dois sistemas psicológicos contemporâneos, Gestalt e Teoria de Campo. Não quer isto dizer que Brentano insistisse em que a psicologia se tornasse uma ciência estritamente experimental. De fato, embora respeitando os resultados de tal experimentação, ele sustentava que o excesso de ênfase naquela direção, bem poderia significar a elevação de uma preocupação por método acima da questão primária de consciência humana. Ademais, como Dilthey, mas muito diferente de Wundt, Brentano sustentava que a psicologia pode ser uma ciência humana empírica, sem seguir os ditames das ciências naturais experimentais.

A famosa obra de Brentano, *Psychology from an Empirical Standpoint*, foi publicada no mesmo ano, 1874, em que o mais ortodoxo psicólogo experimental, Wundt, também publicou seu primeiro manual de psicologia fisiológica. Brentano estava convencido de que nem a tradição associacionista da Inglaterra, nem a escola de fisiologia experimental da Alemanha, se encontravam no caminho certo. Essas abordagens vinham desenvolvendo um método analítico, que reduz a elementos, sensações, imagens e sentimentos. Brentano argumentava que consciência consiste em funções conscientes, isto é, atos ou fenômenos, não em meras sensações. Insistia em que as manifestações particulares de consciência, que chamava de fenômenos psíquicos, são os dados últimos de estudos psicológicos. Considerava tais fenômenos como irredutíveis e caracterizados por sua intencionalidade.

Aqui reside a chave do ponto de vista de Brentano sobre psicologia como ciência humana — intencionalidade, voluntariedade, propósito. Sua psicologia era o estudo de processos conscientes nos quais o "ato", e não o conteúdo da experiência, era central. Este ponto de vista envolve uma distinção entre experiência como estrutura objetiva e experiência como maneira de agir. No caso de ver vermelho, a verdadeira matéria de psicologia não é a sensação determinada de vermelho, mas o processo de experimentar o vermelho. A ênfase é na mente, como agente ativo em tal processo, pelo fato de apontar para alguma coisa fora de si própria, em oposição a quaisquer qualidades objetivas determinadas, de que um objeto pode ser dotado (vermelhidão neste caso).

Antes de deixar o século XIX, deve-se fazer menção ao psicólogo americano que é hoje considerado um precursor tanto do behaviorismo como da psicologia humanística, William James. Giorgi acentua que James nunca conseguiu um ponto de vista unificado, precisamente porque se debatia entre atender às exigências de um sistema de psicologia das ciências naturais e ao mesmo tempo recusar abandonar a investigação daquelas espécies de fenômenos fluir de consciência, vontade, experiência — relevantes para a psicologia como ciência humana. Tendo sido excessivamente influenciado por seu tempo, de acordo com Giorgi, James admitiu que a psicologia era apenas "a esperança de uma ciência". No seguinte trecho, é evidente sua recusa em aceitar um ponto de vista mecanicista de comportamento humano:

> A busca de fins futuros e a escolha de meios para sua consecução são assim a marca e critério da presença de mentalidade em um fenômeno. Todos nós usamos essa prova para discriminar entre um desempenho inteligente e um mecânico. Não imputamos mentalidade a paus e pedras, porque nunca parecem mover-se por causa de alguma coisa, mas sempre quando são empurrados e, então, indiferentemente e sem o menor sinal de escolha.[9]

Examinamos até agora a continuada controvérsia entre filósofos orientados para uma ou outra das duas tradições que datam de Locke e Leibnitz. Com o nascimento oficial da psicologia como ciência na última metade do século XIX, a controvérsia transformou-se. O debate passou a centrar-se em questões como até que ponto a nova disciplina deveria ser científica, ou melhor, que espécie de orientação científica deveria ela ter — naturalista ou humanista. No século XX, desejamos voltar nossos olhos para duas influências bastante significativas que reforçaram o ponto de vista da psicologia como ciência humana. Uma delas reivindica a posição de ser um tanto empírica, muitas vezes quantitativa e até mesmo experimental. A outra é baseada em um ponto de vista ou imagem do homem, que se deriva dos mais proeminentes sistemas filosóficos do século.

Se a introspecção analítica wundtiana foi finalmente considerada inadequada, especialmente nos Estados Unidos, por aqueles que atendiam ao apelo de Watson em favor de uma ciência de comportamento, ela foi vista também na Alemanha como artificial, quando aplicada a uma descrição de percepção. Percepção pode ser definida como um acontecimento dentro da pessoa, talvez iniciado pela excitação de receptores sensórios, mas também significativamente influenciado por outros fatores de uma espécie que pode ser demonstrada, originada na história da vida da pessoa. Percepção parecia ter características que não podiam ser adequadamente reduzidas a sensações e seus atributos, como foram delineados por Wundt. Influenciados por Brentano e talvez por Dilthey, vários dissidentes desenvolveram o que tem sido às vezes chamado de fenomenologia "experimental", isto é, psicologia "Gestalt" ou psicologia da forma. Posteriormente, esse movimento foi trazido para os Estados Unidos antes da Segunda Guerra Mundial e constituia a principal oposição ao behaviorismo.

Uma premissa básica da teoria Gestáltica é que a maneira de se perceber determinado objeto, é uma função da configuração total ou campo em que o objeto está colocado. Ademais, tal campo perceptual é composto de mais coisas do que exatamente suas partes específicas, isto é, objetos específicos; é composto de relações, discernidas pelo indivíduo observador, como existindo entre cada parte ou componentes do campo. Assim, é a percepção de relações, que constitui a experiência de um indivíduo em qualquer momento determinado. Isto é, naturalmente, uma reafirmação moderna daquele princípio antigo, pré-socrático, que nega a possibilidade de explicar o todo, pelo estudo de suas partes componentes. Os próprios platonistas procuraram demonstrar leis gerais de arranjo, síntese e ordem, ... és de formulações matemáticas. Mas, foi o gestaltista Max Wertheimer quem demonstrou em 1912 uma peça de experiência, movimento, que não podia ser explicada pela redução a quaisquer atributos objetivos. A luz foi lançada através de uma pequena fenda arranjada verticalmente. Um momento mais tarde, a luz foi lançada através de uma segunda fenda, inclinada alguns graus para a direita. Nenhum movimento real de luz estava envolvido. No entanto, o paciente que estava vendo, percebia a luz como tendo "caído" de uma posição para outra. Na experiência do observador, aparentemente ocorreu movimento. Esta experiência era obviamente interdependente com o que acontecera no "mundo objetivo", mas não era, apesar disso, determinada por ele. Antes, era a percepção de uma relação reconhecível ou significativa entre as sensações de luz que determinava a natureza da experiência como era efetivamente experimentada.

Wertheimer protestava contra o movimento científico moderno geral, de partes para o todo, de elementos para estruturas, debaixo para cima. Insistia em que os atributos de qualquer sistema discernível, até onde podem ser delineados, são definidos por sua relação com o sistema como um todo no qual estão funcionando. Além disso, sustentava também, que há direções gerais nas quais a emergência de todos estruturados, são previsíveis. Isto é, se é dada uma estrutura instável, na qual certos tipos de relações interiores são percebidas, pode-se predizer que espécie de organização deve futuramente sobrevir — uma que seja mais ordenada, equilibrada e abrangente, ou como preferia Wertheimer, que tenha *Pragnanz*. Pregnância é a qualidade de auto-realização intrínseca em todos os totais estruturados. Isto inclui também as capacidades cognitivas e afetivas de sistemas vivos.

É importante acentuar, que para os gestaltistas o percebedor não cria realmente ordem, mas antes aprende-a, como estando objetivamente no mundo. Por outro lado, porém, nunca é percebida a totalidade do mundo objetivo. Significa isso que percepção é um processo experimentado em relação a uma realidade objetiva. Envolvida no movimento de percepção do que é incompleto para o que mais se aproxima do completo, está uma contínua e dinâmica relação e integração de formas (gestálticas). Assim, uma explicação de tal experiência deve envolver não apenas uma apreensão da ordem existente no mundo, mas também da ordem interna que o percebedor manifesta quando passa de uma nova integração para outra.

Um colega mais jovem de Wertheimer, Wolfgang Kohler, procurou demonstrar como incorreta a hipótese de Thorndike, segundo a qual a aprendizagem depende simplesmente de tentativa e erro, e da gravação das respostas corretas. Em várias experiências com macacos, ele concluiu que soluções de problemas são encontradas por um processo de integração ou insight (visão interior), no qual a resposta é dada, não a diversos elementos separados do problema tomados em série, mas de uma vez a todo um sistema integrado de elementos ou indícios. Sustentava ele que a aprendizagem envolvia a percepção progressiva de formas e não o acréscimo de elementos separados de um problema ou resposta a eles.

De acordo com Gardner Murphy, historiador de psicologia moderna, a tendência geral nos Estados Unidos era considerar a psicologia de Gestalt como proporcionando interessantes "insights" e uma direção para mais pesquisas. Isto é, não era considerada, como na Alemanha, uma formulação teórica final e completa, abrangendo tudo. No entanto, deve-se mencionar que uma de suas ramificações atingiu aquela posição: a Teoria de Campo, tal como foi formulada por Kurt Lewin. De um lado, talvez pareça estranho incluir em nosso delineamento histórico de psicologia humanística, mesmo esta breve menção à Teoria de Lewin, pois todo seu método de representar a realidade psicológica foi tomado emprestado diretamente, dos mais recentes pontos de vista das ciências físicas (conceito de campo eletromagnético da física). Contudo, tanto Dilthey como Brentano, recomendaram que a psicologia como ciência humana se mostrasse disposta a considerar dados derivados de diversos métodos, mas sem ser dominada por nenhum deles.

O próprio Lewin era físico antes de aderir ao movimento de Gestalt. Mas, mesmo sua primeira pesquisa sobre a dinâmica de memória, visava refutar a orientação behaviorista. O próprio Thorndike concordou mais tarde, em que Lewin estava certo ao afirmar que uma pura apresentação sucessiva de estímulos não produzia conexões funcionais reais entre eles. E, embora maiores detalhes estejam além do escopo do presente trabalho, basta acentuar as principais características da teoria de campo de Lewin que emprestam apoio à psicologia como ciência humana: (1) Um campo é considerado a totalidade de fatos coexistentes — externos e internos — que são concebidos como mutuamente interdependentes. (2) Comportamento é uma função desse campo ou *espaço de vida* que existe no momento em que ocorre o comportamento (como a fenomenologia de Rogers e ao contrário da teoria psicanalítica freudiana, a teoria de Lewin é a-histórica). (3) Análise começa com a situação como um todo (experiência como ela é dada). A palavra "fenomenal" pode ser definida como aquilo que é percebido pelos sentidos, em contraste com aquilo que é real. Mas, como observamos em relação à Teoria de Gestalt, isso não significa que aquilo que é percebido seja necessariamente outra coisa que não aquilo que é real. De fato, veremos mais tarde, que Carl Rogers tende definir a saúde mental, como a congruência de ambas as coisas. O que significa em termos de uma ciência psicológica é que aquilo que é significativo a fim de explicar um determinado comportamento, é aquilo que é percebido ou experimentado como ordenado e significativo em qualquer momento determinado, a qualquer realidade objetiva. Comportamento é determinado, portanto, pela experiência interior do organismo, à medida que ela dá ordem e valor a seu ambiente. Uma ciência de comportamento deve necessariamente ter, portanto, uma abordagem fenomenologicamente baseada. Deve ser uma ciência da pessoa.

Rollo May, contemporâneo de Rogers no movimento humanístico, em seu livro, *Psicologia e o Dilema Humano*, tenta apoiar a orientação de uma ciência do homem, escolhendo como base para psicoterapia, aquela imagem de homem derivada da filosofia existencialista. Não pede desculpas aos behavioristas pelo que eles considerariam como meramente filosófico em oposição a uma abordagem rigorosamente científica. De fato, como Dilthey, ele caracteriza cientistas do comportamento como deixando muitas vezes completamente de perceber que esse próprio processo de olhar objetivamente para os fatos é baseado em premissas filosóficas particulares. May considera também que de maneira nenhuma é absurdo sugerir uma estreita relação entre nosso (americano) puritanismo herdado e moralista de homens de fronteira e uma preocupação com comportamento em nosso estudo do homem. Além disso, simplesmente na advertência a crianças como "Comporte-se! Comporte-se! Comporte-se!" talvez exista também uma ameaça à tradicional autoconfiança dos americanos, inerente a qualquer predisposição para subjetividade e introspecção. Mas com ou sem ameaça, May sustenta que nunca poderemos ter uma ciência do homem sem considerar categorias subjetivas como o ser interior do homem, sua expressão em ação e a significação derivada de ação. Em resposta àqueles que denunciam tais considerações como um retorno à especulação metafísica, May cita Michael Polanyi, professor emérito de química, medicina e estudos sociais da Universidade de Oxford. Polanyi, que declarou ser sua principal preocupação profissional a de estabelecer melhor fundamento do que temos agora para sustentar as crenças pelas quais vivemos e devemos viver, embora incapazes de justificá-las adequadamente hoje"[10], também escreveu esta advertência a respeito da ciência moderna: "Nos dias em que uma idéia podia ser silenciada mostrando-se que era contrária à religião, a teologia era a maior fonte singular a falácias. Hoje, quando qualquer pensamento humano pode ser desacreditado por ser marcado como anticientífico, o poder anteriormente exercido pela teologia passou para a ciência; conseqüentemente, a ciência tornou-se por sua vez a maior fonte singular de erro."[11]

Hazel Barnes escreve na introdução de sua tradução de Jean-Paul Sartre: "Para minha mente, este aspecto do existencialismo de Sartre é uma das suas contribuições mais positivas e mais importantes — a tentativa de fazer o homem contemporâneo procurar a si próprio novamente e recusar ser absorvido em um papel no palco de um teatro de fantoches."[12] Reconhece-se agora geralmente, que o existencialismo, caracterizado por Màurice Friedman como "um modo abrangendo diversas filosofias díspares", é tão velho quanto Pascal, um colega de Descartes.[13] De fato, Friedman encara Sartre como "...uma espécie de dualista cartesiano de nossos dias, que se não faz estrita divisão entre mente e corpo, ainda assim sustenta que consciência só é livre quando transcende a si própria através de seu próprio vir a ser... mas, presa quando precisa ver-se como um objeto visto por outros, como atada ao corpo, como condicionada e aprisionada dentro de sua própria encarnação."[14]

Mas Sartre é também até certo ponto reconhecido neste século, como tendo cristalizado esse modo em uma imagem específica do homem, como aquele único ser que inventa a si próprio e não tem significação ou valor antes de fazer isso. Mesmo existir como corpo atado e prisioneiro é uma situação assim escolhida. Isto é o que Sartre quer dizer quando define o existencialismo como a existência precedendo a essência. Para Sartre, o homem é um ser de quem nenhuma essência pode ser finalmente afirmada, pois tal essência implicaria em uma estrutura permanente, contraditória ao poder que o homem tem de transformar-se indefinidamente. Em Sartre encontra-se, portanto, o que é talvez a mais radical afirmação de liberdade e potencialidade humana já feita.

Em *Psicanálise Existencial*, Sartre critica a psicologia moderna em geral como sendo excessivamente determinista. Sustenta que o homem absolutamente não pode ser compreendido se virmos nele apenas o que nosso estudo da vida animal nos permite ver ou se o reduzirmos a determinismos naturalísticos ou mecânicos. É também o que acontece se o reduzimos ou separamos em instintos ou conjuntos de estímulos e respostas, ou de alguma outra maneira consideramos o objeto de nosso estudo separado do que constitui sua humanidade — sua liberdade e responsabilidade últimas. A menção neste livro, de alguns dos pontos mais centrais desenvolvidos por Sartre, pretende mostrar a significação de sua influência e contribuição a uma abordagem humanisticamente baseada em psicologia.

Primeiro, Sartre, como Dilthey e outros psicólogos fenomenológicos, insistem em compreensão e descrição como opostas à explanação. Explanações afastam o observador da pessoa observada. Representam uma tentativa de aplicar uma lei abstrata geral a uma única pessoa determinada. De fato, explanações não podem sequer fazer o que se destinam a fazer. Por exemplo, aquelas que se referem a determinantes ambientais, não obtêm sucesso como explanações, porque deixam de levar em conta aquele momento de decisão que deve seguir-se sempre que um homem, atuando como sujeito, escolhe em favor, contra ou entre algumas influências. Um indivíduo é influenciado pelo ambiente apenas na medida em que transforma tal influência em uma situação concreta que tenha valor e significação para ele próprio. Isto coincide com aquele ponto de vista de Rollo May, que considera a liberdade humana como derivada, não da capacidade do homem de viver como sujeito puro, mas na capacidade de experimentar a si próprio como uma oscilação dialética entre dois polos de um dilema, tanto como sujeito quanto como objeto.

Segundo, Sartre encara a existência humana como intencional. A realidade humana identifica-se e define-se pelos fins que persegue, não por causas hipotéticas no passado. Nem é possível viver sem propósito — viver simplesmente por viver. Mesmo tal vida envolve a continuada escolha dela. (É interessante acentuar que Sartre considera decadente e sem sentido a sociedade burguesa ocidental. Mas, ao fazê-lo, é inconsistente. Lutar tão veementemente contra tal sociedade, pressupõe um conflito de propósitos e valores por cada parte. Ser anti-Cristo pressupõe Cristo).

Igualmente, Sartre insiste em que tal propósito e sentido se derivam não de qualquer realidade universal, como postularam os idealistas franceses e alemães, mas das realidades particulares concretas daquelas situações chamadas à existência por escolha individual. O caminho do homem é único para cada homem determinado, porque cada homem é único e cada um está em uma situação única. Isto é o que o existencialista alemão do século XIX, Fredrich Nietzsche, expressava em seu diálogo de *Assim Falava Zaratustra:* "Este ... é agora meu caminho... onde está o vosso?" diz Zaratustra. "Assim eu respondi àqueles que me fizeram perguntas sobre o caminho". Pois "o" caminho... não existe!" Martin Heidegger, existencialista alemão contemporâneo, também interpreta precisamente nesses termos[15] a famosa proclamação de Nietzsche: "Deus está morto!" Ela retrata, de acordo com Heidegger, a negação do existencialista de qualquer mundo de essência ideal e sua insistência no mundo do aqui e agora.

Por fim, devemos enfatizar especificamente o conceito de ontologia — o estudo de ser e vir a ser. Sartre quer que a preocupação central da psicologia seja a redescoberta, através de um exame de situações concretas presentes, do modo original de existência no qual o indivíduo escolheu seu ser. A escolha subjetiva pela qual uma pessoa faz de si própria, uma pessoa deve ser trazida à luz de forma estritamente objetiva. Sartre concorda com a posição fenomenológica dos gestaltistas a respeito do todo e suas partes. Argumenta que o todo pode ser compreendido, examinando-se aquele momento em que a pessoa escolhe e se engaja como uma totalidade em uma relação concreta com o mundo. Sua mais famosa declaração — "Eu sou minhas escolhas" — resume o que quer dizer com essa totalidade — uma essência que envolve tanto liberdade como responsabilidade, tanto realidade como potencialidade.

A significação de existencialismo para uma ciência do homem reside, portanto, em sua particular reafirmação e ênfase daquela tradição que data de Descartes, o ponto de vista de que pensamento e comportamento humanos têm essencialmente uma origem interna. Em um simpósio sobre psicologia existencial, Abraham Maslow perguntou retoricamente: "O que existe no existencialismo europeu para o psicólogo americano?" Resumindo a resposta do próprio Maslow àquela pergunta, Gordon Allport, seu colega no movimento de psicologia humanística, declarou: "Existencialismo aprofunda os interesses que definem a condição humana. Ao fazê-lo, prepara pela primeira vez, o caminho para uma psicologia de humanidade".[16]

Maslow e Allport, juntamente com Rollo May, escreveram longamente sobre psicologia existencial. Foram designados por Rogers, juntamente com ele próprio, como o grupo medular de psicólogos americanos que constituem uma oposição de base humanística ao behaviorismo. De acordo com Rogers, essas "vozes" estão dizendo isto: "a visão de túnel do comportamento não é adequada a toda a escala de fenômenos humanos" e "...comportamento humano é, de algumas maneiras significativas, algo mais do que o comportamento de nossos animais de laboratório".[17] O próprio Rogers é encarado por esses seus colegas como tendo sugerido meios viáveis pelos quais um dogma existencial pode ser refundido em proposições testáveis. Esses homens não se desviaram de pesquisa empírica, mas apenas desejam uma ciência que considere a pessoa toda e que ele vê este pré-requisito, acima de qualquer preocupação particular por método.

Assim, nosso levantamento histórico está terminado. Consideraremos agora a posição contemporânea desse movimento de "terceira força" em psicologia, como é definida por Carl Rogers, o homem descrito por Rollo May como sendo um dos dois psicólogos "que são amplamente conhecidos como os representantes das duas pontas deste dilema, o dilema humano, homem como sujeito ou homem como objeto, sendo B. F. Skinner, naturalmente, o outro representante.

CAPÍTULO 7

O Processo de Aprendizagem:
Fenomenologia de Rogers

Foi acentuado anteriormente, que Rogers dedicou a maior parte de sua vida profissional a trabalho clínico, no esforço de compreender e ajudar terapeuticamente indivíduos específicos. Esta experiência como psicólogo clínico está em contraste com a maioria das pessoas cujo trabalho foi até agora considerado neste livro. Rogers vem trabalhando com pessoas, em situações clínicas em lugar de trabalhar com animais em laboratório. Não foi também principalmente ou simplesmente acadêmico, isto é, interessado apenas em especulação, separada de situações da vida real. Destacar isso não é ser meramente pedante. De fato, veremos que essa experiência constitui direito de verificabilidade, pois foi a partir de sua experiência clínica que Rogers desenvolveu suas várias posições teórica. em diversas áreas de interesse em psicologia e mesmo em educação.

Voltar-nos-emos agora para um exame de sua formulação teórica em várias áreas: metodologia científica, aconselhamento psicológico ou terapia psicológica, personalidade, relacionamento interpessoal, saúde mental e aprendizagem. Ao fazê-lo, sua identificação baseada numa abordagem de psicologia humanística, e suas contribuições tornar-se-ão manifestas tanto historicamente significativas quanto até certo ponto, contemporaneamente definitivas.

Em *Terapia Centrada no Paciente* (1951), Rogers apresentou 19 princípios formais a respeito do comportamento humano. Todos tratam de aprendizagem, partindo de um ponto de vista fenomenológico: (1) o desenvolvimento de uma noção de realidade do próprio indivíduo (2) aquelas forças internas que o levam a agir e (3) o desenvolvimento da auto-imagem do próprio indivíduo, isto é, seu conceito de si próprio como pessoa que age. Inerente aos 19 princípios encontra-se a premissa de Rogers sobre a capacidade do homem para adaptar-se, isto é, sua propensão a crescer em uma direção que engrandeça sua existência. Esse crescimento positivo pode, porém, ser tolhido ou dirigido erroneamente, se a noção ou imagem única de realidade do indivíduo não é congruente com a realidade. A esse respeito, examinaremos uma das contribuições primordiais de Rogers: que dado um ambiente não ameaçador, no qual um indivíduo possa experimentar os vários possíveis modos de ser, à sua disposição, a congruência com a realidade aumentará e o crescimento positivo recomeçará. Por isso, este capítulo centralizar-se-á nos 19 princípios da fenomenologia rogeriana.

1. *Cada indivíduo existe em um mundo de experiência, continuamente mutável, no qual ele é o centro.*

Um indivíduo está no mundo e, por assim dizer, tem um mundo. Este último está mudando continuamente. A significação desta declaração é muito semelhante à encontrada em nossa discussão de psicologia Gestalt e Teoria de Campo. Uma pessoa, por exemplo, está empenhada em uma atividade. Estão sendo estimulados receptores de sentido, que ao todo proporcionam um mundo de experiência mais amplo — o campo fenomenal — do que aquele necessário para a atividade. Uma parte desta experiência é por isso ignorada, embora geralmente disponível para percepção. O campo fenomenal é constituído pela figura (aquela que é imediatamente dada pela consciência) e o terreno (que é ignorado). Se a atividade específica é percebida como enfadonha ou irrelevante, o campo inteiro pode ser alterado quando alguma coisa no campo é tornada proeminente em seu lugar. Assim, o campo fenomenal muda de acordo com os estados internos do indivíduo. Ser o centro de tal mundo, significa, naturalmente, que esse mundo de experiência, embora muitas vezes incluindo outros, é fundamentalmente privado. Só o indivíduo que tem um mundo pode ter aquele mundo à disposição de sua consciência, pode conhecer suas experiências quando são imediatamente dadas em sua totalidade. A comunicação entre indivíduos é, portanto, não apenas difícil, mas necessariamente incompleta e muitas vezes inadequada ou distorcida. De fato, isso ocorre apenas quando o indivíduo no centro de seu mundo, percebe que qualquer elemento é semelhante à sua experiência anterior, ou relevante à nova experiência. Você pode tentar transmitir-me a emoção de esquiar tal como a experimentou. Minha compreensão de sua experiência será grandemente facilitada, se eu puder trazer à percepção minhas próprias experiências anteriores com montanhas, velocidade ou neve e assim ter alguma idéia do que você está dizendo ou do que você experimentou e do que aquela experiência significou para você. Minha compreensão do que você experimentou será necessariamente incompleta. Fenomenologicamente, nós existimos em nosso mundo como ilhas para nós mesmos.

2. *O organismo reage ao campo como ele é experimentado e percebido. Este campo perceptual é, para o indivíduo, sua "realidade".*

Juízes de jogos de basebol são muitas vezes considerados "cegos" por torcedores da cidade que têm, supostamente, visão mais fidedigna. Nossos inimigos na guerra são, naturalmente, cruéis e demoníacos, enquanto para nós "guerra é inferno". A criança que esconde uma revista de estórias em quadrinhos atrás de seu livro de história, evidentemente percebe os acontecimentos imaginados por um autor como mais relevantes para seu mundo que aqueles imaginados por outro. Todos nós já experimentamos julgar o comportamento de alguém como sendo, talvez, "estúpido" ou "irracional" e mais tarde alterar esse julgamento quando circunstâncias atenuantes vêm à luz. Talvez fosse mais correto dizer que tais circunstâncias foram trazidas à nossa percepção. Isso porque, aparentemente, elas já existiam como "claras" para a pessoa por nós julgada. "Realidade" é, portanto, uma dada experiência única no mundo fenomenal de um indivíduo. Seu comportamento não refletirá talvez a nossa percepção de realidade, mas necessariamente a sua própria. O comportamento depende da realidade subjetiva do campo fenomenal, não das condições estimulantes de qualquer realidade ambiental externa.

Se é de fato assim, poder-se-ia fazer a pergunta: como podemos saber o que é "realmente" real? Fenomenologicamente definida, "realidade" passa a ser puramente um conceito hipotético que explica a totalidade de todas as condições impostas pelo mundo externo ao indivíduo. Mas, como outros indivíduos estão incluídos em cada um de nossos campos de experiência, torna-se possível, quando fazemos identificação de fenômeno similarmente percebido, formar grupos de consenso. De fato, com freqüência tendemos a ignorar e mesmo expulsar da percepção aquelas pessoas e suas afirmações sobre o que é real, que não correspondem às nossas próprias. Todavia, essa falta de consenso também nos oferece a oportunidade de verificar nossa hipótese sobre realidade. Podemos mudar nossos conceitos sobre realidade e, assim fazendo, facilitar mudanças em nosso mundo fenomenal de experiência. Cientistas, por exemplo, dispõem-se deliberadamente a obter um consenso, tanto de seus processos como de suas conclusões. Se são bem sucedidos nessa busca, suas conclusões são consideradas pelo grupo de consenso como constituindo um acréscimo ao corpo fatual de conhecimento partilhável. Este processo às vezes está em contraste, por exemplo, com aquelas experiências religiosas consideradas místicas. Por sua natureza elas nem sempre estão disponíveis para comunicação a outros. Entretanto, mesmo o pesquisador científico deve finalmente avaliar as conseqüências de sua pesquisa em seu próprio campo fenomenológico pessoal. Para usar uma frase feita: verdade, como beleza, existe nos olhos de quem vê.

3. *O organismo reage como um todo organizado a esse campo fenomenal.*

Todos os aspectos do ser de um indivíduo — físicos, mentais ou emocionais — entram no comportamento como elementos inter-dependentes no mundo de experiência. A reação de ter a mão queimada por um fogão quente pode incluir a imediata resposta de retirá-la, mas também pode incluir aplicação de medicamento, uma explicação a outra pessoa sobre o que ocorreu ou mesmo perda de apetite. Acredita-se muitas vezes que os processos de pensamento interferem nos processos corporais normais ou automáticos. Sabe-se de pessoas que tiveram desconforto físico atenuado pela sua crença em que certo medicamento, considerado por seu médico como incapaz de produzir qualquer efeito, daria o resultado desejado. Este princípio é, portanto, essencialmente holístico. Na área de aprendizagem, apóia a idéia de aprender por "insight". Uma pessoa aprende uma tarefa através da percepção das relações que existem em seu campo fenomenal.

4. *O organismo tem uma tendência e um empenho básico: realizar, manter e aceitar o organismo experimentador.*

O leitor talvez reconheça bem este princípio como referente à motivação, um conceito para o qual foram sugeridos inúmeros sistemas de impulsos ou energias, necessidades, motivos ou determinantes ambientais. Mas, Rogers explica tudo isso nesta única premissa básica, correspondendo, segundo parece, à idéia básica de sobrevivência na teoria evolucionista. O organismo é considerado como um sistema dinâmico, puramente monístico; um impulso é suficiente para explicar todo comportamento. Não existe aqui qualidade mente-corpo. Contudo, realizando, o organismo experimenta aumento de diferenciação dentro do campo fenomenal. Em um bebê isso pode ser simplesmente a primeira noção de diferenciação vinda da mãe. O outro extremo poderia ser considerado como aquela noção de unicidade experimentada nas artes criativas. Auto-realização é assim caracterizada por todas as espécies de comportamento, tanto físico como cognitivo. Mas, em todos os casos, a base de comportamento é a própria percepção do indivíduo daquilo que é necessário para tal realização.

Percepção deformada pode levar, porém, à destruição em lugar de auto-realização. Mais adiante, veremos como isso pode ocorrer. É suficiente salientar que se existir uma oportunidade para o aumento, e não contração do campo fenomenal, o resultado normalmente será uma tendência para seguir adiante. Os fenômenos relacionados com tal engrandecimento tenderão a dominar o campo de experiência. Existe, portanto, neste princípio uma base para um sistema ético baseado na idéia de que o homem é inerentemente "bom". Os behavioristas, naturalmente, encaram o homem como essencialmente neutro. Mas os padrões dessa "bondade" ainda seriam difíceis de estabelecer. Não podem ser generalizados como absolutos para todos os homens em todos os tempos. Isso porque só podem ser concebidos nos processos de auto-realização de cada indivíduo. De fato, só o retardamento do processo poderia resultar de qualquer generalização tornada possível por manipulações do ambiente (todos aqueles agentes de socialização, como professores, pregadores ou mesmo pais).

5. *Comportamento é basicamente a tentativa do indivíduo, para o objetivo dirigido do organismo, a fim de satisfazer sua necessidade como é experimentado no campo percebido.*

Todo comportamento é, portanto, encarado como intencionalidade. Propósito deriva-se de fenômeno sendo percebido como obstáculo à auto-realização e aceitação. Fome pode ser um obstáculo; uma figura de autoridade altamente diretiva também poderia sê-lo. O ambiente externo pode apresentar o obstáculo; contudo, com isso não determina especificamente a orientação de objetivo ou intenção que é posteriormente expressa no comportamento. O campo fenomenológico do indivíduo pode passar por uma série de mudanças de terreno para figura, oferecendo assim várias alternativas possíveis de respostas. Para o observador, o comportamento resultante talvez pareça irrelevante, inadequado ou mesmo destrutivo. Mas em qualquer caso, seu julgamento não pode ter sido baseado em todos os indícios disponíveis. Tais indícios ou razões para uma linha de ação só estão disponíveis para percepção dentro do campo de experiência da própria pessoa que tem o comportamento.

6. *Emoção acompanha e em geral facilita cada objetivo dirigido do comportamento sendo a espécie de emoção relacionada com a busca, versus aspectos consumatórios do comportamento, e sendo a intensidade da emoção relacionada com a significação percebida do comportamento para manutenção e aceitação do organismo.*

Esta não é uma declaração referente à causalidade. A causa do comportamento não está necessariamente em mudanças fisiológicas que o corpo sofre, embora estas possam entrar no campo fenomenal e serem respondidas pelo indivíduo. Por exemplo, um orador nervoso percebe que sua boca está seca e toma uma bebida para aliviar esse estado desconfortável. Essas emoções existem como parte da reação total do indivíduo a seu campo fenomenal. Tal comportamento é intencional, isto é, dirigido para um objetivo; emoções devem necessariamente prestar-se aos propósitos percebidos do organismo. Essas espécies de emoções são as que ajudam a preparar o indivíduo para a ação — medo, excitação ou alegria, ou desprazer geral — em oposição àquelas experimentadas depois do comportamento completado — sentimentos de satisfação, relaxamento, calma.

Para o observador do comportamento de outro indivíduo, parece que muitas vezes essas emoções acompanhantes podem retardar, em lugar de facilitar o comportamento dirigido para um objetivo. Por exemplo, um estudante pode tornar-se tão excitado pela iminência de um exame a ponto de ficar "gelado" no momento crucial. Mas esta reação emocional excessivamente intensa não é realmente devida ao exame; ao invés disso, acompanha a significação atribuída dentro do campo fenomenal a uma parte daquele campo, o exame e suas conseqüências como são percebidas pelo indivíduo relativamente à necessidade de manutenção e aceitação. O problema em comportamento pode muito bem residir em uma deformação da realidade, isto é, na significação assim atribuída dentro do campo de experiência ao exame iminente. Tal atribuição de significação poderia ocorrer pelo fato do indivíduo perceber seu campo fenomenal como esmagadoramente ameaçador à sua existência no momento.

7. *O melhor ponto de observação para compreender comportamento é na estrutura interna de referência do próprio indivíduo.*

Este princípio dá nova ênfase à unicidade do mundo de ser de cada indivíduo. Fenomenologistas alemães diriam: "estar lá" no mundo. Deve-se ter cautela em qualquer avaliação do comportamento de outrem, pois qualquer avaliação deve necessariamente ser de um ponto de observação externo. Mas, comportamento de outrem pode ser até certo ponto compreendido empaticamente. Caso contrário, comunicação seria impossível. Isto não significa apenas ter simpatia no sentido de sentir piedade ou demonstrar tolerância, embora possa muitas vezes resultar nesses dois comportamentos para o indivíduo que observa. Preconceito seria significativamente diminuído se a empatia passasse a ser um modo de comunicação consciente e intencional. Empatia significa tentar genuinamente identificar em seu próprio campo fenomenal, aqueles elementos e relações que parecem reproduzir para você as condições de campo que estão sendo experimentadas pelo indivíduo, cujo comportamento você está observando. É óbvio que tais tentativas necessariamente e sempre só serão bem sucedidas em parte.

8. *Uma porção do campo percentual total torna-se gradualmente diferenciado como o "self".*

Rogers enfatiza primordialmente processos de mudança e desenvolvimento, não construções estruturais determinadas. Isto está em harmonia com a base de sua abordagem fenomenológica. Contudo, há duas construções estruturais que são de fundamental importância para essa teoria: *o organismo* e o *self* (eu). Sua teoria toda tem sido com freqüência rotulada como "teoria do self". Ele descreveu como chegou a adotar esse conceito:

> Falando pessoalmente, comecei meu trabalho com a noção assentada de que o "self" era um termo vago, ambíguo e cientificamente sem sentido, que saíra do vocabulário do psicólogo com o afastamento dos introspeccionistas. Conseqüentemente, demorei para reconhecer que quando era dada a clientes a oportunidade de expressar seus problemas e suas atitudes em seus próprios termos,

sem qualquer orientação ou interpretação, eles tendiam a falar em termos do próprio eu... Parecia claro... que o self era um elemento importante na experiência do cliente e que em um estranho sentido, seu objetivo era tornar seu "self" (eu) real.

A totalidade de tudo quanto está potencialmente disponível para percepção, isto é, experiência, constitui o campo fenomenal do organismo vivo. Uma porção deste campo torna-se diferenciada como um self. Esta é a parte do campo fenomenal que pode sentir e funcionar no mundo, que sabe que existe, que sabe que é um organismo e que tem experiências. Não quer isso dizer que esteja sempre presente para percepção, mas que está sempre disponível, pois é o próprio ser que efetivamente tem a experiência de tal percepção. Rogers escreveu que a auto-imagem denota "a figura conceitual organizada e coerente, composta de percepções das características do "eu" ou "para mim" e das percepções das relações do "eu" ou "para mim" com outros e com vários aspectos da vida, juntamente com os valores ligados a essas percepções. É uma configuração total que está disponível para percepção, embora não necessariamente em percepção. É uma forma total fluida e tolerante, um processo, mas em momento nenhum é uma entidade específica."[2]

9. *Como resultado de interação com o ambiente e, particularmente, como resultado de interações avaliadas com outros, a estrutura do self é formada — um padrão conceptual organizado, fluido, coerente de percepções, de características e relações do "eu" ou "para mim" juntos, com valores ligados a esses conceitos.*

Os meios pelos quais o processo de diferenciação ocorre, aproximam-se muito daqueles propostos pelo francês Maine de Biran. O acréscimo muito importante, refletindo a influência da fenomenologia existencial, é que de todas as partes do campo fenomenal, aquela que é diferenciada como self é definida como tempo particular, significação ou valor. Uma criança pode experimentar como excitante o movimento de sua cabeça para trás e para a frente. Se bate a cabeça no berço, experimenta uma sensação de divisão e um processo de avaliação em seu campo fenomenal. Mas acha o elemento adicional, bater a cabeça, menos significativo para seu crescimento do que simplesmente mover a cabeça. Aparentemente, padrões coerentes de relações, formam-se dentro do campo fenomenal relativamente a "eu" e "não eu", assim como avaliações de possíveis ações como sendo desejáveis ou indesejáveis, boas ou más. Algumas partes do campo, mais especificamente inter-relacionadas tornam-se mais valiosas ou necessárias para propósitos de aceitação — como reações de prazer dos pais diante do comportamento de um bebê "bom". Essas partes são assim incorporadas com o tempo à estrutura fenomenal dentro do campo, que é caracterizada como tendo mais permanência e coerência interna, isto é, a estrutura do self. No caso da relação entre o prazer percebido dos pais e o comportamento determinado do "eu", o "eu" passa a ser percebido como "bom". O inverso também pode ocorrer, naturalmente, como se torna aparente em crianças rejeitadas, isto é, aquelas negativamente avaliadas por seus pais.

10. *Os valores ligados a experiências e os valores que fazem parte da estrutura do self em alguns casos, são valores experimentados diretamente pelo organismo e em alguns casos são introjetados ou tirados de outros, mas percebidos de maneira distorcida como se tivessem sido experimentados diretamente.*

O processo de diferenciação e avaliação resultante do ato da criança mover e depois bater sua cabeça, é um exemplo derivado de experiência direta. Comer doce, praticar jogos ou talvez ler um livro interessante, são percebidos como bons e são experiências diretas. Mas, muitas experiências potenciais são avaliadas indiretamente. São consideradas boas ou más com base na interação com pessoas que foram anteriormente avaliadas como particularmente importantes para a estrutura do self existente. Desajustamento psicológico pode resultar, se grande número de valores introjetados se torna estreitamente relacionado com a estrutura do self e colide com a experiência direta.

Para ilustrar, considere-se um exemplo comum, mas apesar disso complexo, de valores introjetados que têm muita relação com a definição de papéis sexuais em nossa sociedade. Uma menina experimenta a si própria como sendo amada e amável, com base em anos nos quais a interação foi principalmente com seus pais. Afeição foi com freqüência comunicada pelos pais mediante presentes como bonecas, jogos de criança ou vestidos de festa percebidos pela criança como divertidos para brincar. Mas eles também produzem no campo fenomenal uma imagem de comportamento apropriado, como probabilidade de manter e aceitar a estrutura do self "amável". Quando aumentam contatos com os pares e a criança descobre talvez típicas aventuras ao ar livre, como subir em árvores ou correr descalça, pode haver conflito com os pais quanto ao comportamento a ser escolhido para auto-aceitação. Declaração que sugere que uma atividade "não é para moças" ou é "imprópria a uma dama" podem comunicar à menina que ela não é aceita quando realiza o que sem isso parece excitante e divertido. Ela se defronta assim, com uma ameaça à sua auto-imagem (eu sou aceita) quando está se comportando de maneira auto-aceitável.

Como a ameaça à sua auto-imagem precisa ser eliminada, ela pode resolver a incoerência no campo fenomenal, executando um comportamento em uma ocasião e o outro em outra ocasião. Isto é, ela pode ser "uma dama" em casa, mas subir em árvores quando seus pais não estão perto. Está assim mantendo todas as suas necessidades e experimentando ambas as partes do seu campo fenomenal. Contudo, se essa possível solução é experimentada como conflitante com um valor anteriormente introjetado de que, por exemplo, "simulação é má", ela pode não ter outro recurso senão deformar sua própria experiência direta. Subir em árvores pode logo tornar-se desagradável. Fica assim perdido para percepção dentro do campo fenomenal. A potencialidade de crescimento torna-se assim mais limitada.

Definir nossos papéis sexuais é apenas mais um exemplo de uma área na qual muitas vezes introjetamos valores. Isto é, definimos partes de nosso campo fenomenal como significativas com base em experiência indireta. Em certo sentido, porém, toda experiência é direta. No caso de valores introjetados, o que foi diretamente experimentado não é o genuíno interesse imediato do organismo à procura de auto-aceitação, mas a relação permanente com outros que foi avaliada como mais importante para a estrutura do self. É por causa dessa importância que os valores assim introjetados passam a ser percebidos no campo fenomenal como tendo sido experimentados diretamente.

Existem, naturalmente, numerosos outros exemplos que poderiam ser usados. Considere-se estas avaliações bastante comuns, que raras vezes são experimentadas diretamente: (1) negação de que alguns católicos possam ser bons por uma pessoa criada em um lar batista, (2) crença em que pessoas religiosas são necessariamente irracionais por uma pessoa criada por pais altamente acadêmicos ou ateus, (3) crença que os mexicanos no sudoeste são estúpidos porque nem sempre falam direito o inglês, (4) rotulação de policiais como "porcos fascistas" por um jovem calouro, recém-introduzido na sociedade colegial. Todas elas podem levar à dificuldade ou tensão, se qualquer das pessoas em que foram introjetados tais valores, tornar-se um dia aberta a um processo de reavaliação. O conceito de "abertura" será examinado mais adiante.

11. *À medida que experiências ocorrem na vida do indivíduo, elas são (a) simbolizadas, percebidas e organizadas em alguma relação com o self, (b) ignoradas porque não há relação percebida com a estrutura do self ou (c) negada simbolização ou dada uma distorção simbólica porque a experiência é incompatível com a estrutura do self.*

O termo "percepção" foi usado até agora para designar certa parte do campo fenomenal. Deve ser aqui acentuado que o campo fenomenal não é idêntico ao campo de percepção ou consciência. De acordo com Rogers, "consciência é a simbolização de algumas de nossas experiências". Assim, o campo fenomenal é sempre constituído, tanto por experiências conscientes ou *simbolizadas*, como por experiências inconscientes ou *não simbolizadas*. Primariamente, preocupamo-nos com aquele comportamento do organismo que reflete reações ao campo simbolizado de experiência. Mas o indivíduo pode, porém, reagir igualmente a uma experiência que não é simbolizada. Rogers chama esse processo de *subception*.

Experiências que se tornam simbolizadas são aquelas percebidas como engrandecedoras da estrutura do self. Se a estrutura de um caçador inclui uma necessidade competitiva, isto é, se a auto-aceitação é derivada de ser melhor, voltar para casa de mãos vazias depois de sair para caçar, pode ser percebido como admissão de fracasso. Por isso, o dia pode ser percebido como tendo sido uma deprimente perda de tempo. Para seu companheiro menos competitivo, porém, o dia pode ter sido experimentado como relaxante e agradável. O fato de nada ter sido caçado é ignorado, pois esta experiência é percebida como não tendo relação com a estrutura do self.

Pode haver negação ou deformação no processo de simbolização se a experiência é percebida como sendo incompatível com a estrutura do self. O caçador mal sucedido pode deformar sua experiência dizendo: "Esta espingarda está muito velha" ou "Todo o mundo fazia muito barulho". Respostas que sistematicamente deformam experiências são comumente conhecidas como "racionalizações". Talvez essas deformações não tenham importância e realmente causem pouca dificuldade em nossa vida. Recusa em efetuar experiências orgânicas pode, porém, causar problemas graves. Quando valores introjetados são proibitivos em relação a esforços sexuais, experiências orgânicas naturais podem ser totalmente negadas. "Frieza sexual" talvez constitua um desses casos. O indivíduo sujeita a "subception" às experiências que são ameaçadoras para a estrutura do self. A simbolização de diversas outras experiências pode ocorrer em seu lugar, a fim de bloquear a simbolização da "verdadeira" experiência. Ansiedade e tensão resultam de numerosas dessas experiências sujeitas à "subception".

12. *As maneiras de comportamento adotadas pelo organismo são, em sua maioria, aquelas compatíveis com o conceito de self.*

Este princípio é preditivo de comportamento que está em harmonia com a estrutura do self, mesmo quando o ambiente proporciona estímulos em contrário. A potencialidade para uma experiência nova pode nunca penetrar na consciência. Um protestante que gosta de viajar para as convenções anuais de sua denominação particular, talvez não aprecie viajar para Roma e o Vaticano. Um jovem adolescente que deseja ser um "homem de verdade" pode reagir negativamente, se colocado diante das possibilidades de autoaceitação proporcionada pelo estudo de artes plásticas, balé ou mesmo música. Considerando conscientemente e empenhando tais atividades, isto é, permitindo-lhes uma relação simbolizada com a estrutura do self, provavelmente nunca ocorrerá. Se isso fosse permitido, obviamente deveria ocorrer uma mudança na estrutura do self.

13. *Comportamento pode, em alguns casos, ser resulsultado de experiências e necessidades orgânicas que não foram simbolizadas. Tal comportamento pode ser incompatível à estrutura do self, mas em tais casos o comportamento não é "admitido" pelo indivíduo.*

Pode-se reagir a experiências não simbolizadas, tanto quanto a experiências simbolizadas. Mas, o comportamento resultante pode parecer estranho ou incomum para o indivíduo, tanto quanto para seus amigos. "Não era ele realmente", pode ser a resposta dos amigos. Isto acontece, muitas vezes, sob a influência de álcool ou drogas, ou pressão incomum. É possível que a estrutura do self se torne difusa, permitindo que experiências não simbolizadas sejam realizadas. Uma pessoa que incomumente fica encolerizada, pode ferir mesmo aqueles que, em outras ocasiões, aparentemente ama.

14. *Existe desajustamento psicológico quando o organismo nega experiências sensórias e viscerais significativas à percepção, que conseqüentemente não são simbolizadas e organizadas na Gestalt da estrutura do self. Quando existe esta situação, há uma tensão psicológica básica ou potencial.*

Este princípio talvez seja um pouco redundante. Mas a ênfase aqui em tensão ou possível desajustamento é muito significativa. Mesmo que experiências em que não é permitida simbolização não sejam cruciais para o organismo, ainda ocorre no mínimo a perda de meios possíveis para auto-aceitação. Se diversas experiências são percebidas em uma forma não simbolizada, a vida pode tornar-se muito monótona para o indivíduo. Isto por si própria pode resultar em um estado de constante tensão para o organismo. E, naturalmente, como vimos, no caso de esforços sexuais básicos, um indivíduo poderia sofrer desajustamentos, como o de tornar-se incapaz de reagir à estimulação proporcionada por uma pessoa amada.

15. *Existe ajustamento psicológico quando o conceito do self é tal, que todas as experiências sensórias e viscerais do organismo são ou podem ser assimiladas em um nível simbólico dentro de uma relação compatível com o conceito de self.*

Para ilustrar este princípio, precisamos apenas mencionar alguns de nossos exemplos anteriores. Examinamos a possibilidade de uma menina resolver seu dilema sendo "igual a uma dama" em casa e subindo em árvores quando os pais não estão perto. Ela poderia, assim, simbolizar "realisticamente" ambas as experiências e talvez conceitualizar-se como uma jovem "dama" que gosta de subir em árvores. Nosso caçador de mãos vazias, poderia reavaliar o estado de sua espingarda e, nela não encontrando o menor problema, procurar em outro lugar — talvez em alguma necessidade de prática de sua própria parte.

Uma distinção deve ser aqui acentuada a respeito da assimilação de experiência em uma relação com a estrutura do self e o processo de atuar aquela experiência para o propósito de aceitação do self. Atuar ou comportar-se de uma maneira que reflita aquelas experiências que estão disponíveis para a consciência, não são necessários, a fim de manter tensão em estado jacente. É necessário apenas que tal experiência seja simbolizada. Por exemplo, a menina não precisa realmente subir em árvores a fim de reduzir seu conflito interno. É necessário apenas que ela encare esse desejo como compatível com uma avaliação positiva de sua estrutura do self. Ela pode preferir abrir mão do prazer, não por causa da possível avaliação negativa por parte de seus pais, mas simplesmente porque assim poderia tornar seus pais felizes consigo mesmos.

16. *Qualquer experiência que seja incompatível com a organização ou estrutura do self pode ser percebida como uma ameaça e quanto mais existirem essas percepções, mais rigidamente a estrutura do self é organizada para manter-se.*

Se um indivíduo organizou em seu campo simbolizado um grande número de valores introjetados, ele pode perceber experiências ameaçadoras, incompatíveis com tais valores. Em termos fenomenológicos, é com isso negada expressão a seu próprio ser no mundo. Para evitar esse estado de não ser, todo ser que está à disposição dele deve ser organizado para manter aquele centro — a estrutura do self — dentro do campo fenomenal. O comportamento é ainda caracterizado como propositado. Mas o intento é estreitamente definido. A consciência sofre contração. O comportamento pode ser observado como rígido, desagradável e, mesmo em casos extremos, como paranóide.

Este princípio descreve, portanto, um processo circular. O círculo torna-se, porém, cada vez mais contraído e é cada vez mais difícil sair dele. Considere-se esta seqüência de R.D. Liang:

    Eu quero isto
    Eu obtenho isto
    portanto eu sou bom

    Eu quero isto
    Eu não obtenho isto
    portanto eu sou mau

    Eu sou mau porque não obtive isto

    Eu sou mau porque queria o que não obtive

> Preciso tomar o cuidado
> de obter o que quero
> e querer o que obtenho
> e não obter o que não quero.[3]

Para ilustrar mais, considere-se o estereótipo proporcionado pelos brancos pobres dos Estados do Sul. A vida é dura. A escala de experiências potenciais para auto-aceitação é estreita. A fim de suportar tais condições, torna-se aparentemente vantajoso simbolizar, isto é, racionalizar alguma explicação. "Sofrer é a vontade de Deus", pode tornar-se uma racionalização. Ou então: "Nós, gente branca (significando ricos e pobres como iguais), somos superiores aos pretos." Erich Fromm sugeriu um processo semelhante, como tendo sido característico das classes médias-baixas da Alemanha, durante a depressão do começo da década de 1930. Os judeus tornaram-se seu bode espiatório. A "Grandeza" alemã incorporou-se à sua estrutura do self. Em ambos os casos, experiências que poderiam levar a uma avaliação mais "realista" de sua condição, são percebidas como ameaçadores para o self que incorporou preconceito racial em sua estrutura. Este estreitamento de sua experiência oferece assim, um meio pelo qual poderiam pelo menos temporariamente suportar as duras condições.

17. *Em certas condições, envolvendo primariamente ausência completa de qualquer ameaça à estrutura do self, experiências que são incompatíveis com ela podem ser percebidas, e examinadas, e a estrutura do self pode ser revisada para assimilar e incluir tais experiências.*

Esta é talvez a premissa central por trás de toda a abordagem de "terapia centralizada no cliente". É a fórmula de Rogers para sair daqueles círculos, diagramados por Liang em seu livro *Knots*. Contida também nesse princípio está a chave da contribuição particular do próprio Rogers à psicologia como ciência humana: fenomenologia existencial e empirismo são aqui juntados e tornados compatíveis. E, finalmente, é aqui proporcionada uma base da qual podem ser sugeridos meios específicos pelos quais professores, conselheiros e administradores, assim como terapeutas e simplesmente bons amigos, poderiam construir *relações de ajuda* com aqueles necessitados que cruzam seu caminho.

A idéia básica aqui expressa é muito simples e comum a nossas experiências; opera em todas as nossas vidas para aquelas deformações de nossa experiência aparentemente importantes, mas muitas vezes superficiais. Por exemplo, nós somos mais semelhantes a nosso "verdadeiro self" entre amigos. Isto é, na presença de uma pessoa aceitante, nós nos sentimos não ameaçados e livres para incorporar mais de nossa experiência em nossa estrutura do self. Quantas vezes refletimos em alguma coisa que alguém nos disse, alguma coisa que foi anteriormente rejeitada como "falsa" porque parecia ameaçadora na presença daquela pessoa, mas posteriormente pareceu perfeitamente plausível? Nosso comportamento passou assim por uma modificação. Experimentamos uma expansão de consciência por permitir que nossa experiência se tornasse mais simbolizada. Isto é, nossa estrutura do self foi reorientada em direção à maior escala de todo nosso campo fenomenal.

Neste princípio, Rogers aparentemente resolveu o grande paradoxo da fenomenologia: como se pode diferenciar entre uma imagem subjetiva que não é uma correta representação da realidade e outra que é. Isso não quer dizer que Rogers tenha específica ou intencionalmente entrado no antiqüíssimo debate filosófico sobre a questão do que constitui realidade. Ele meramente observou um processo que parece ocorrer com seus pacientes, ou clientes, como prefere chamá-los. Em resultado, Rogers realmente redefiniu um tanto a orientação fenomenológica. Em lugar de definir como "realidade" o que é dado na experiência de uma pessoa, encara tal experiência como constituindo meramente uma hipótese tentativa sobre realidade. Esta hipótese pode ou não ser verdadeira. De fato, em qualquer sentido absoluto, verdade ou falsidade pode em si própria ser considerada irrelevante para a experiência do organismo. Relevante, é o processo contínuo que se segue quando hipóteses são formadas e testadas, reformadas e retestadas. Testar consiste em conferir a correção, ou congruência daquilo que é dado em uma experiência como o dado em outras experiências ou em experiências adicionais. Fenômeno experimentado indiretamente pode ser comparado com aquele experimentado mais diretamente. Experiência não simbolizada torna-se cada vez mais simbolizada e é organizada em relação com o que já está simbolizado. Rogers considera o organismo como sendo o tempo todo um sistema totalmente organizado no qual a alteração de qualquer parte pode produzir mudanças em qualquer outra parte. Mas a este respeito também delineia quatro atitudes ou modos de ser específico, que, se incorporados na estrutura do self, facilitarão este processo de testar a realidade. São eles: (1) abertura a experiência, (2) confiança na sabedoria do organismo para manter-se e aceitar, (3) disposição para ser um processo e (4), enquanto processo, disposição para experimentar ambigüidade.

Este processo de testar a realidade é portanto um processo de experimentar a possível escala de experiência à disposição do organismo. Quando a ameaça ao self está ausente, a experiência pode ser percebida de maneira diferenciada, isto é, aprendizagem de novos modos de ser pode prosseguir. Mas, no caso de uma estrutura do self mais rigidamente organizada, o processo talvez precise de facilitação por outros. Rogers estendeu-se sobre as condições necessárias para um encontro entre duas pessoas que proporcione tal facilitação. Em 1958, falando em uma reunião da American

Personnel and Guidance Association em St. Louis, Rogers enumerou sob a forma de perguntas "As características de Uma Relação de Ajuda":

1. Posso eu *ser* de alguma maneira que será percebida pela outra pessoa como digna de confiança ... seguramente real? Com isso quero dizer que qualquer sentimento ou atitude que estou experimentando por minha percepção daquela atitude... e conseqüentemente eu posso *ser* tudo quanto eu profundamente *sou*.

2. Posso ser suficientemente expressivo como pessoa a ponto de aquilo que sou ser comunicado sem ambigüidade? Se posso ser sensivelmente perceptivo e aceitante em relação a meus próprios sentimentos, é maior a probabilidade de que eu possa exercer uma relação de ajuda a outrem.

3. Posso deixar-me experimentar atitudes positivas em relação a essa outra pessoa — atitudes de calor, aceitação, afeição, interesse, respeito?...

4. Posso ser suficientemente forte como pessoa para ser separado de outros? ... Acho que posso deixar-me aprofundar muito mais em compreensão e aceitação, porque não tenho medo de perder-me.

5. Sou suficientemente seguro dentro de mim mesmo para permitir à outra pessoa sua separação? Posso permitir que ela seja o que é — honesta ou falsa, infantil ou adulta, desesperada ou super-confiante? ou acho que ela deve seguir meu conselho, modelar-se por mim?

6. Posso deixar-me entrar plenamente no mundo de seus sentimentos e significações pessoais? Posso entrar em seu mundo privado tão completamente a ponto de perder todo o desejo de avaliá-lo ou julgá-lo?

7. Posso aceitar cada faceta dessa outra pessoa? Posso respeitá-la como ela é? Ou só posso aceitá-la condicionalmente? Tem sido minha experiência de tal modo que quando minha atitude é condicionada, ela não pode mudar ou crescer naqueles aspectos em que não posso recebê-la plenamente.

8. Posso agir com suficiente sensibilidade na relação, a ponto de meu comportamento não ser percebido como uma ameaça?... Se posso libertá-la tão completamente quanto possível de ameaça externa, então ela pode começar a experimentar e lidar com os sentimentos e conflitos internos que acha ameaçadores dentro de si própria.

9. Posso libertá-la da ameaça de avaliação externa?... quanto mais eu puder manter uma relação livre de julgamento e valor (bom ou mau), mais isso permitirá que a outra pessoa reconheça que o centro da responsabilidade reside dentro de si própria.

10. Posso encontrar-me com esse outro indivíduo como uma pessoa que está no processo de vir a ser, ou serei amarrado pelo seu passado e pelo meu passado? Se eu aceito a outra pessoa como diagnosticada e classificada, então estou fazendo a minha parte para confirmar essa hipótese limitada. Se a aceito como um processo de vir a ser, então estou fazendo o que posso para confirmar ou tornar real suas potencialidades. [4]

Este princípio particular juntamente com o desenvolvimento de Rogers sobre as condições necessárias e suficientes para crescimento positivo — aquelas características de uma relação de ajuda proporcionam a base do que chega a ser uma teoria empírica de modificação de comportamento do ponto de vista fenomenológico, para tomar emprestado o termo da psicologia de comportamento. Rogers sugeriu que o próprio método científico poderia oferecer uma base para aproximação entre "essas duas correntes divergentes", cujos defensores, com freqüência, acham comunicação difícil porque suas diferenças são muito grandes". [5] Defendeu assim sua abordagem da terapia como refletindo uma orientação genuinamente científica:

> Dizem: "Alguns esforços para serem terapêuticos, para produzirem mudanças construtivas, são eficazes; outros não são. Achamos que há certas características

que diferenciam as duas classes. Achamos, por exemplo, que na relação de ajuda é provável que o terapeuta funcione como uma pessoa real, interagindo com seus verdadeiros sentimentos. Nas relações menos úteis, freqüentemente achamos que o terapeuta funciona como um manipulador inteligente, mais do que como seu self real." Aqui também está um conceito de ciência perfeitamente legítimo, a descoberta da ordem que é inerente a qualquer dada série de acontecimentos. Eu sugiro que esta segunda concepção tem mais probabilidade de descobrir os aspectos singularmente humanos de terapia. [6]

Além de ter relatado, no discurso sobre características de uma relação de ajuda, a extensa pesquisa já completada e em andamento, Rogers mais tarde, em cooperação com Rollo May, sugeriu estas "hipóteses testáveis" como exemplos da maneira pela qual "nossa tradição positivista de definições operacionais e pesquisa empírica, poderia ser útil na investigação da verdade de princípios ontológicos":

> 1. Quanto mais o eu da pessoa for ameaçado, mais a pessoa exibirá comportamento neurótico defensivo... e mais suas maneiras de ser e comportar-se ficarão constrangidas.
> 2. Quanto mais o eu for livre de ameaça, mais o indivíduo exibirá comportamento afirmador do eu... e mais ele exibirá a necessidade e a execução de comportamento participante.
> 3. Uma ansiedade específica só será resolvida se o cliente perder o medo de ser a potencialidade específica a respeito daquilo por que estava ansioso. [7]

Rogers previa assim que o envolvimento de ciência psicológica nesses "campos sutís, subjetivos e impregnados de valor" levará esperançosamente ao passo seguinte na evolução do método científico. [8]

18. *Quando o indivíduo percebe e aceita em um sistema coerente e integrado, todas as suas experiências sensórias e viscerais, ele é necessariamente mais compreensivo em relação aos outros e mais os aceita como indivíduos separados.*

19. *À medida que o indivíduo percebe e aceita em sua estrutura do self — sua experiência orgânica, — ele acha que está substituindo seu sistema presente de valor — baseado muito grandemente em introjeção que foi deformadamente simbolizada — por um contínuo processo de valor orgânico.*

Nesses dois princípios, Rogers junta os vários fios a respeito do comportamento fenomenológico do organismo humano em um cordão descritivo — que equivale, nas escolas terapêuticas tradicionais, a uma definição de saúde mental positiva. A definição foi posteriormente elaborada por Rogers e recebeu um título muito mais fenomenológico: "O conceito da Pessoa Plenamente Funcionante." Este conceito fornece, portanto, — para Rogers um ponto final hipotético, — resultado final do processo terapêutico.

Uma pessoa plenamente funcionante, um tipo ideal, naturalmente, vive plenamente em cada um e todos, e com cada um e todos os seus sentimentos e reações. Ela é capaz de ser em cada momento o que é potencialmente. Ou seja, ela é aberta a seu ser organísmico total e confia nele. Permite que seu organismo funcione dentro da escala total de seu campo fenomenal, selecionando entre uma multidão de possíveis experiências a fim de concretizar em comportamento, aquelas que aqui, agora sejam as mais geralmente e genuinamente satisfatórias. Ela existe como um processo de ser e de vir a ser ela própria.

Como tal pessoa é aberta a seu mundo de experiência e confia em sua própria capacidade de interagir diretamente com aquele mundo, formando assim sempre novas relações dentro de seu campo fenomenal, seu estilo de vida certamente será caracterizado como criativo. E, embora ela não se ajuste necessariamente à sua cultura, isto é, não seja simplesmente um conformista (valores introjetados), será capaz em qualquer ocasião e em qualquer cultura, de viver ao mesmo tempo criativamente e em tanta harmonia com aquela cultura quanto seja necessária para uma satisfação equilibrada de necessidades.

Do ponto de vista de um observador do comportamento de tal pessoa, ela parece construtiva e digna de confiança. Não precisa haver preocupação pela sua "socialização apropriada" — não obstante a necessidade de sistemas sociais geralmente opressivos, como existem em regimes totalitários — uma vez que suas próprias necessidades mais profundas consistem em associação e comunicação com outros. Impulsos agressivos, dentro do contexto de seu ser aberto a todas as suas experiências, serão equilibrados e sintetizados à sua própria maneira criativa com sua tendência de dar e receber afeição de outros. Seu comportamento total será equilibrado, realístico e apropriado para manter e engrandecer seu organismo.

Uma característica final dessa pessoa idealmente funcionante tem implicações particulares para uma abordagem de psicologia com base humanística. Rogers achou perturbador o pré-requisito comumente defendido de que psicologia como ciência se interessa pela predição e controle de comportamento humano. Oferece uma distinção entre descobrir "a posteriori" que comportamento é legal e predizer comportamento por leis previamente formuladas. De fato, apenas o comportamento do indivíduo desajustado é que pode ser, em certo grau, especificamente predito. Isto ocorre porque a reação de tal indivíduo a seu campo fenomenal será rigidamente padronizada. O comportamento da pessoa plenamente funcionante, por outro lado, não é previsível "a priori", embora seja legal no sentido de ser garantido. Quer isto dizer que se pode depender de seu comportamento no sentido de que ele sempre reagirá de maneira engrandecedora a toda e complexa indicação que é imediatamente dada em seu campo fenomenal de experiência. Rogers acentua que só "um computador de grande tamanho" poderia predizer especificamente o comportamento de tal indivíduo e mesmo assim seria necessariamente "a posteriori" — uma vez que, existencialmente falando, uma pessoa plenamente aberta à sua experiência, completamente sem defensividade, cria a si própria de novo, a cada momento, em cada ação praticada, em cada decisão tomada.

CAPÍTULO 8

Implicações no Ensino:
A Facilitação de Aprendizagem

Neste capítulo consideraremos as implicações do ponto de vista de Carl Rogers, sobre natureza humana e existência humana, especificamente na educação. Em diversos artigos e livros, Rogers preconizou o que equivale a uma revolução na educação. Hesita, porém, em usar esse termo por temer "que isso possa ofender muita gente e despertar seu antagonismo". No entanto, acredita que "só uma tremenda mudança na direção básica de educação, pode atender às necessidades da cultura de hoje."[1] O objetivo de nosso sistema educacional, desde a escola maternal até a escola de pós-graduação, deve derivar-se da natureza dinâmica de nossa sociedade, uma sociedade caracterizada por mudança, não por tradição, por processo, não por rigidez estática. Dentro desse sistema, devemos desenvolver um clima propício a crescimento pessoal, um clima no qual a inovação não seja atemorizadora, no qual capacidades criativas de todos os interessados sejam alimentadas e expressas ao invés de abafadas. Só dessa maneira, pode o indivíduo que trabalha dentro de nosso sistema — seja ele estudante, professor ou administrador — ser provido da oportunidade para o máximo esforço experiencial possível em sua busca de crescimento pessoal. O ponto final de nosso sistema educacional, de acordo com Rogers, não menos que o de teoria, deve ser o desenvolvimento de pessoas "plenamente atuantes."

Em um discurso a educadores na Universidade Harvard, discurso que ele próprio informa ter sido recebido com furiosas críticas, Rogers fez confissões como estas: (1) "Minha experiência tem sido de que não posso ensinar outra pessoa a ensinar," (2) ainda mais, "passei a achar que os resultados de ensino são sem importância ou nocivos", (3) "percebi que perdi o interesse em ser professor" e (4) "percebo que estou interessado apenas em ser um aprendiz."[2]

Estas declarações podem parecer surpreendentes e mesmo ofensivas ao leitor, mas são compatíveis com um ponto de vista fenomenológico do homem. Por exemplo, tão logo se põe em foco a atividade de ensinar, surge a questão: Que será ensinado? Do ponto de observação "superior" do professor, que precisa o estudante saber? Pode um professor realmente ter certeza de sua resposta a uma pergunta assim? Ou que deve abranger o curso? Qualquer resposta dada a esta pergunta pressupõe que aquilo que é ensinado é aprendido; que aquilo que é apresentado é aquilo que é assimilado. Além disso, esta previsão é geralmente seguida por outra: o que é assimilado pode ser precisamente medido por algum meio, tal como um exame. Mas todas essas premissas contrariam aquele ponto de vista sobre o homem que postula liberdade e unicidade individuais. E todas elas se tornam nocivas ou inúteis em face do ponto de vista acima, que postula os esforços inerentes do organismo para manutenção e aceitação. A implicação é, naturalmente, que em nosso atual sistema, falta confiança no organismo humano; ele nega tanto a liberdade quanto a dignidade do homem.

Rogers postula que o objetivo educacional, se quisermos sobreviver, deve tornar-se a facilitação de mudança e aprendizagem. Por esse ponto de vista, o único homem educado é o homem que aprendeu a aprender; o homem que aprendeu a adaptar-se e mudar, que percebe que nenhum conhecimento é seguro e que só o processo de buscar conhecimento dá alguma base para segurança. Só de um contexto interpessoal no qual a aprendizagem seja facilitada surgirão "verdadeiros estudantes, reais aprendizes, cientistas e intelectuais criativos e praticantes, indivíduos da espécie capazes de viver em um equilíbrio delicado, mas sempre mutável, entre o que é atualmente conhecido e os fluentes, móveis e mutáveis problemas e fatos do futuro."[3]

Facilitação de aprendizagem não é equivalente a ensino como é comumente definido. Não depende necessariamente, por exemplo, de aptidões particulares do líder, nem de seu conhecimento erudito, nem de seu planejamento curricular, nem do uso de recursos audiovisuais. Não depende de aprendizagem programada, aulas, relatórios orais ou mesmo livros, lápis e papel. Qualquer destes pode, naturalmente, ser utilizado como recurso. De fato, um facilitador de aprendizagem é principalmente só isso em relação ao aprendiz, um recurso. Mas como um recurso vivo, o facilitador só pode funcionar em uma relação interpessoal com o aprendiz. É esta relação que deve, portanto, ser de primordial importância em qualquer cenário educacional.

Rogers discerniu certas qualidades atitudinais que existem na relação interpessoal entre facilitador e aprendiz. É nelas que repousa finalmente a facilitação de aprendizagem significativa. Note-se a estreita similaridade entre essas qualidades e aquelas que Rogers considera também necessárias em qualquer encontro terapêutico bem sucedido.

A primeira dessas atitudes essenciais é a realidade ou genuinidade. O professor, para ser um facilitador, precisa despojar-se do tradicional "papel", "máscara" ou "fachada" de ser "O professor" e tornar-se uma pessoa real com seus alunos. Significa isso que os sentimentos que está tendo, sejam quais forem, ele precisa aceitar em si próprio e não esconder de seus alunos. Se está entediado ou zangado, entusiasmado ou com simpatia, pode estar assim livremente, sem precisar impor isso aos seus alunos. Estudantes são livres para responder de igual maneira. Por exemplo, o professor pode expressar gosto ou aversão por um produto do estudante, sem sugerir que ele é objetivamente bom ou mau, ou que o estudante é bom ou mau.

Um bom exemplo dessa atitude de realidade e do pré-requisito de autoconhecimento que ela exige é oferecido por uma professora da sexta-série, cuja experiência na criação de um ambiente de sala de aulas autodirigida foi relatada longamente por Rogers em seu livro *Liberdade para Aprender*. Continuamente aborrecida e distraída por uma sala sempre suja, a professora anunciou que tinha um problema; a saber, que achava difícil trabalhar no meio de toda aquela sujeira. Perguntou ao grupo se podia ajudá-la e os estudantes responderam, estabelecendo um sistema de limpeza. Esta professora foi autêntica no sentido de reconhecer que sua necessidade de limpeza era uma necessidade sua, não necessariamente de qualquer outra pessoa. Ela não fez julgamento. Os estudantes não foram repreendidos por serem maus. A falta de limpeza não foi equiparada a qualquer absoluto moral. Os estudantes responderam por respeito a uma necessidade minoritária. Eles também foram autênticos e, professora e alunos, foram ao mesmo tempo livres e responsáveis.

Uma segunda atitude que deve impregnar a relação entre o facilitador e o aprendiz é que nasce de duradoura confiança e aceitação, e até mesmo uma aceitação da outra pessoa como indivíduo digno e valioso. Isto envolve preocupação, mas não de natureza possessiva ou controladora. É aceitação do outro como uma pessoa separada, como sendo digna por seu próprio direito e como merecedora da plena oportunidade de buscar, experimentar e descobrir aquilo que é engrandecedor do eu. Como a aprendizagem pode muitas vezes envolver uma mudança na organização do eu, isso ocorre mais freqüentemente quando ameaças externas ao eu estão minimizadas. Um professor que experimenta essa atitude de confiança pode aceitar, de uma maneira sem julgamento, a apatia, desejos excêntricos, e até mesmo rejeição das sugestões do professor, assim como um esforço disciplinado para alcançar objetivos escolhidos. Confiando no estudante, o professor está, assim, expressando efetivamente sua própria confiança e fé essenciais na capacidade de seu próprio ser organísmico.

E, finalmente, em qualquer relação que deva ocorrer aprendizagem, precisa haver comunicação entre as pessoas envolvidas. Comunicação por natureza, só é possível em um clima caracterizado por compreensão empática. Um facilitador de aprendizagem deve ser sensivelmente cônscio da maneira como o processo de educação e aprendizagem parece ser para o estudante. Rogers sustenta que esta espécie de compreensão não valorativa é praticamente inédita na sala de aulas mediana. Aprendizes, para serem bem sucedidos em suas tarefas escolhidas, precisam de comunicação. Precisam ser compreendidos, não avaliados, não julgados, não ensinados. Facilitação exige compreensão e aceitação empática.

Rogers citou vários exemplos de pesquisa empírica que tendia a verificar em termos mais tradicionais de sucesso educacional a abordagem exemplificada nessas três atitudes. Facilitadores de seis classes da terceira série gravaram em fita, duas semanas completas de interação com seus alunos no período dedicado ao ensino de leitura. A fim de obter adequada amostragem dessas interações, as gravações foram feitas com intervalo de dois meses. Segmentos de quatro minutos cada um foram selecionados a esmo, para classificação por pessoas trabalhando independentemente e "cegas". Foram classificadas as três qualidades atitudinais: grau de autenticidade demonstrado pelo facilitador, grau de consideração positiva incondicional e grau de compreensão empática.

Os critérios usados foram testes de realização tradicionais (Stanford). Como predito, ganhos em realização de leitura foram maiores naquelas classes que se caracterizaram por grau proporcionalmente mais alto dessas atitudes. Rogers concluiu com certo grau de segurança, portanto, que essas atitudes que ele se esforçou por delinear qualitativamente são, de fato, "...não apenas eficazes na facilitação de mais profunda aprendizagem e compreensão do self em uma relação como psicoterapia, mas que essas atitudes caracterizam professores que são considerados eficientes, e que os alunos desses professores aprendem mais, mesmo com currículo convencional, do que alunos de professores aos quais faltam essas atitudes."[4]

A realização dessas atitudes não é tarefa fácil. No entanto, nós as experimentamos em qualquer ocasião na qual nos comunicamos realmente com outros. Básica em todas essas atitudes é a confiança na capacidade do indivíduo humano, para desenvolver sua própria potencialidade. Só com essa confiança pode ser facilitada a aprendizagem, oferecidas oportunidades e dada liberdade. Um facilitador trabalha na hipótese de que qualquer estudante que esteja em contato real com problemas considerados relevantes para ele próprio, desejará aprender, crescer, descobrir, criar, tornar-se autodisciplinado. Só vagarosamente, talvez, poderão essas atitudes ser verdadeiramente concretizadas em uma situação de sala de aulas. Mas só se elas forem concretizadas é que a aprendizagem pode tornar-se, naquela atmosfera freqüentemente falsificada, aquilo que a aprendizagem é verdadeiramente, o esforço muito vital do organismo pela própria vida.

Assim, a espécie de aprendizagem que está sendo facilitada dentro dessa relação interpessoal será auto-iniciada. Rogers considera aprendizagem como tendo sido facilitada quando o estudante participa responsavelmente do processo de aprendizagem. A aprendizagem auto-iniciada envolve a pessoa inteira do aprendiz (sentimentos, assim como intelecto) e é a mais duradoura e penetrante. Além disso, aprender a ser aprendiz, isto é, ser independente, criativo e autoconfiante é mais facilitado quando a autocrítica e auto-avaliação são básicas e a avaliação por outros tem importância secundária. Isto é, naturalmente, aprender o processo de aprendizagem. Estar continuamente aberto à experiência e incorporação em si mesmo do próprio processo de mudança.

A atmosfera da sala de aulas deve portanto ter o estudante como centro. O facilitador deve tentar extrair do estudante aqueles problemas ou questões que são reais para ele. Idealmente, é claro que isto não seria necessário. Mas, o fato é que como em geral os estudantes estão muito isolados de problemas, talvez seja necessário colocar diante deles situações que se tornem problemas reais para eles. Muitas vezes, porém, isto pode ser simplesmente uma questão de permitir que ocorram confrontações naturais. Quantas de nossas escolas desejam realmente ensinar valores democráticos? Qual a melhor maneira de ensinar processos políticos em uma escola secundária, por exemplo, do que permitir aos estudantes o máximo de autodireção? Se os estudantes fossem livres de muitas daquelas regras impostas do alto e de fora, eles formulariam, pela necessidade de sua própria interação social, leis destinadas a aumentar as razões para que se reunissem.

Esta idéia foi, naturalmente, a premissa central da filosofia política democrática de Locke. E neste sentido, Rogers encontra-se atualmente muito mais dentro da tradição lockeana. Se a autodireção estudantil parece coisa muito distante, o leitor deve consultar *Summerhill* de A. S. Neil. Summerhill é uma escola autodirigida. Tudo quanto se relaciona com a interação social de seus membros, inclusive punição por infrações sociais, é resolvido por votação em reuniões gerais da escola na noite de sábado. Cada criança, seja qual for sua idade, tem direito a um voto. E o mesmo se aplica a cada membro do pessoal, inclusive o próprio Neil. Considera-se a forte opinião do próprio Rogers sobre essa "radical abordagem da criança criando".

Levanta questões profundas sobre a maioria de nossas maneiras de lidar com crianças. Retrata uma excitante alternativa para aqueles processos. Dá-nos também uma percepção muito encorajadora de que quando é dada às crianças liberdade responsável, em um clima de compreensão e amor não possessivo, elas escolhem com sabedoria, aprendem com entusiasmo e desenvolvem atitudes autenticamente sociais. Acho que isto corresponde ao que eu aprendi em psicoterapia. Recomendo este livro a toda pessoa de mentalidade aberta que esteja interessada na redução de ódio, agressão e medo neste mundo e que esteja ansiosa por ver crianças e adultos viverem vidas plenas.[5]

Mas, mesmo dentro de nossas escolas, como são atualmente organizadas, existe muita oportunidade para reforma em sentido humanístico. Por exemplo, um professor que se esforça por facilitar aprendizagem verdadeiramente experiencial pode ele próprio aprender a evitar organizar seu tempo em torno da preparação de aula, planos de lição e exames; em lugar disso, poderia concentrar-se em tornar recursos claramente disponíveis. Ele pensa e simplifica os passos práticos e psicológicos que o estudante individual deve dar a fim de utilizar determinada fonte. Como um recurso humano, lee próprio é material introdutório de um mundo mais amplo de experiência potencial para o aprendiz. Infelizmente, exigências de habilitação estatal tendem muitas vezes a desqualificar pessoas com uma escala verdadeiramente larga da experiência de vida e trabalho. Isto é devido, naturalmente, a seu plano funcional, o recrutamento de professores em lugar de facilitadores de aprendizagem. Rogers observa que após a criança ter passado diversos anos na escola, a motivação intrínseca pode estar sufocada. Mas está sempre lá, esperando ser extraída.

Diversas reformas contemporâneas no currículo escolar refletem realmente crescente exigência de uma abordagem educacional mais humanística. Jerome Bruner em *O Processo da Educação* reclamou mudanças capazes de replanejar o estudo de toda matéria tradicional. O novo plano deveria centralizar-se na atividade de "investigação" ou aprendizagem de descoberta. Isto é, naturalmente, aprender fazendo. Estudantes tornam-se pesquisadores autodirigidos, eles próprios cientistas em nível simples. Procuram respostas para perguntas reais, experimentando em si próprios as dores e prazeres de investigação. Podem não aprender tantos "fatos", mas aprendem o processo pelo qual os fatos se tornam convenientes e inconvenientes, são aceitos como tais e depois rejeitados. Aprendem a aprender.

Semelhante à "aprendizagem por investigação" é a aprendizagem experiencial, envolvida em "estimulação". Situações de vida real são simuladas com o máximo possível de sua complexidade e urgência. Representar o papel de governar uma nação talvez não seja tão "real" quanto governar a sua própria vida, mas dada a organização da escola típica, isto tem seus méritos. Estudantes adquirem comprometimento disciplinado e experimentam uma sensação de envolvimento pessoal na tomada de decisão e prática de ação, e de responsabilidade por elas.

Rogers não hesita também em recomendar tanto seu próprio meio favorito para aprendizagem autêntica e significativa, o grupo de encontro básico, quanto aquele instrumento oferecido pelos behavioristas, a instrução programada. Com a última é oferecido um excelente meio pelo qual um estudante pode preencher vazios na informação de que precisa para enfrentar qualquer problema que tenha à sua frente. Neste sentido, a própria flexibilidade de instrução programada presta-se à facilitação individualizada em ambiente de sala de aulas. Contudo, nunca deve tornar-se um substituto de pensamento em padrões maiores. Se tornar-se um meio de enfatizar conhecimento fatual em comparação aos processos criativos envolvidos em autêntica investigação e descoberta, poderá ser causado dano ao aprendiz.

Desde princípios da década de 1960, Rogers escreveu e falou extensamente sobre o que se tornou uma das mais difundidas e práticas contribuições da psicologia humanística, o grupo de encontro (conhecido também como grupo "T", treinamento de laboratório, treinamento de sensibilidade e oficina). Seja qual for o nome usado, o objetivo geral dessas intensas experiências de grupo tem sido melhorar e facilitar a autoaprendizagem e comunicação interpessoal. De fato, ele tem sido também mencionado como uma viagem ao centro do self. Rogers encara o grupo de encontro como um instrumento de tremendo potencial para a mudança educacional. E realmente, muitos o aclamaram como tendo potencial ainda mais amplo, isto é, como constituindo uma autêntica solução para o problema de alienação em nossa sociedade cada vez mais complexa e materialista.

Um grupo de encontro geralmente consiste em dez a quinze pessoas, juntamente com um facilitador ou líder de grupo. O grupo é relativamente não estruturado e caracterizado por um clima de liberdade para a expressão de sentimentos pessoais e comunicação interpessoal. A palavra "encontro" refere-se àquela interação que ocorre quando pessoas deixam cair suas defesas e fachadas, e se relacionam direta e abertamente como pessoas "reais". A atmosfera assim criada é igual àquela encontrada em terapia centralizada no cliente. A confiança que é gerada permite a uma pessoa reconhecer, experimentar e trocar atitudes autoderrotadoras, por aquelas mais propícias a comportamento inovativo e construtivo. Estudos de segmento indicam que a pessoa é capaz de relacionar-se mais adequada e eficientemente com outros, em sua situação cotidiana.

Rogers sugere que no ambiente educacional o grupo de encontro pode ser usado a fim de liberar a capacidade de participantes para melhor liderança educacional através de relações interpessoais melhoradas e facilitar aprendizagem pela pessoa inteira. Em seu livro *Liberdade para Aprender*, o último capítulo fornece um plano, no contexto de sugestões específicas para implementação de mudanças em qualquer sistema escolar determinado durante período de tempo relativamente curto. A ênfase é no sistema inteiro, incluindo administradores, professores, estudantes e pais. Rogers sugere que pessoas se reunam nesses grupos separados e mais tarde em um grupo vertical que seria constituído de um corte transversal de todo o sistema educacional.

Mudanças e inovações que são decididas durante uma experiência intensiva de grupo tem realmente mais probabilidade de ser implementadas do que em outros casos. Pessoas são menos resistentes a mudança, quando não se sentem ameaçadas e quando estão elas próprias determinando essas mudanças. O exercício de liberdade é inseparável do peso da responsabilidade. E este peso pode realmente tornar-se mais leve e mesmo satisfatório em um clima de confiança e consideração positiva incondicional.

Rogers sustenta, portanto, que o efeito de grupos de encontro sobre professores e estudantes pode ser razoavelmente bem predito. Professores serão realmente mais capazes de ouvir estudantes, especialmente em seus sentimentos. Terão probabilidade de eliminar dificuldades interpessoais com estudantes em lugar de tornarem-se punitivos e disciplinadores. A atmosfera da sala de aulas tornar-se-á mais igualitária, propícia à espontaneidade e pensamento criativo e o trabalho autodirigido independente. Estudantes descobrirão sua própria responsabilidade individual por sua aprendizagem.

Terão mais energia para dedicar a aprendizagem e sentir-se-ão mais livres para seguir aqueles caminhos de aprendizagem escolhidos por eles próprios. A aprendizagem tornar-se-á, de fato, uma atividade muito mais intensiva e pessoalmente relevante. O temor respeitoso do estudante pela autoridade e sua rebelião contra autoridade diminuirão à medida que for feita a descoberta de que professores e administradores são; afinal de contas, igualmente humanos — falíveis, imperfeitos, mas também esforçando-se por obter significação e crescimento.

NOTAS

PREFÁCIO

1. Ernest R. Hilgard, *Theories of Learning* (NovaYork: Appleton Century-Crofts, Inc., 1.ª ed. 1948, 2.ª ed. 1965 e 3.ª ed. com Gordon H. Bower, 1966).
2. Gordon Allport, *Becoming* (New Haven: Yale University Press, 1955).
3. T. W. Wann (organizador), *Behaviorism and Phenomenology: Contrasting Bases for Modern Psychology* (Chicago: University of Chicago Press, 1964).
4. William D. Hitt, "Two Models of Man", *American Psychologist*, Vol. XXIV, n.º 7 (julho de 1969).

CAPÍTULO 1

1. K. Jaspers, *Philosophy Is for Everyman* (Nova York: Harcourt, Brace & World, 1967), pp. 242-43.
2. Rollo May (organizador), *Existencial Psychology*, A. H. Maslow, "Existencial Psychology-What's in It for Us? (Nova York: Random House, 1961), p. 59.

CAPÍTULO 2

1. Gordon Allport, *Becoming* (New Haver; Yale University Press, 1955), pp. 8-12.
2. Ibid., p.7.
3. Ibid., p. 8.
4. Edna Hedbreder, *Seven Psychologies* (Nova York: D. Appleton-Century Co., 1933).

PARTE II

1. B. F. Skinner, *Walden Two* (Nova York: Macmillan, 1948).

2. B. F. Skinner, *Beyond Freedom and Dignity* (Nova York: Alfred A. Knopf, 1971).

CAPÍTULO 3

1. B. F. Skinner, *Behavior of Organisms: An Experimental Analysis* (Nova York: Appleton-Century-Crofts, 1938).
2. B. F. Skinner, *Science and Human Behavior* (Nova York: Macmillan, 1953), p. 23.
3. Carl R. Rogers e B. F. Skinner, "Some Issues Concerning the Control of Human Behavior", *Science*, Vol. CXXIV, n.° 3.231 (30 de novembro de 1956).

CAPÍTULO 4

1. B. F. Skinner, *Science and Human Behavior* (Nova York: Macmillan, 1953), pp. 85-87.
2. Ibid., p. 132.
3. Ibid., p. 94.
4. Ibid., pp. 63 e seguintes.
5. Ellen Reese, *The Analysis of Human Operant Behavior* (Dubuque, Iowa: William C. Brown, 1966), p. 14.
6. B. F. Skinner, op. cit., p. 91.
7. Ibid., p. 183.
8. Fred S. Keller, *Learning: Reinforcement Theory* (Nova York: Random House, 1954), p. 24.
9. A. Bandura e Richard H. Walters, *Social Learning and Personality Development* (Nova York: Holt, Rinehart and Winston, Inc., 1963).

CAPÍTULO 5

1. B. F. Skinner, *The Technology of Teaching* (Nova York: Appleton-Century-Crofts, 1968), p. 40
2. Ibid., p. 45.
3. Ibid., p. 119.
4. Richard I. Ivans, *B. F. Skinner: The Man and His Ideas* (Nova York: E. P. Dutton & Co., 1968), pp. 30-31.

CAPÍTULO 6

1. Citado em Gardner Murphy, *Historical Introduction to Modern Psychology* (Nova York: Harcourt, Brace & World, 1949), p. 67.
2. Citado em Rollo May, *Psychology and the Human Dilemma* (Nova York: D. Van Nostrand Company, Inc., 1967), p. 111.
3. Ibid., p. 25.

4. David Ausubel, *Theory and Problem of Child Development* (Nova York: Grune & Stratton, 1957), p. 43.
5. Maurice Friedman, *To Deny Our Nothingness: Contemporany Images of Man* (Nova York: Dell Publishing Co., Inc., 1967).
6. H. A. Hodges, *The Philosophy of Wilhelm Dilthey* (Londres: Routledge, 1952), pp. XIV-XV.
7. H. A. Hodges, *Wilhelm Dilthey: An Introduction* (Londres: Routledge, 1944), p. 42.
8. William R. Coulion e Carl R. Rogers (organizadores), *Man and the Science of Man*, "Some Thoughts Regarding the Current Presupositions of the Behavioral Sciences" (Columbus, Ohio: Charles E. Merrill Publishing Co.), p. 69.
9. William James, *The Principles of Psychology*, Vol. I (Nova York: Henry Holt & Co., 1890), p. 7.
10. Citado em William R. Coulion e Carl R. Rogers (organizadores), op. cit., p. VII.
11. Citado em Rollo May, op. cit., p. 182.
12. Citado em ibid., p. 139.
13. Maurice Friedman (organizador), *The Worlds of Existencialism: A Critical Reader* (Nova York: Random House, 1964), p. 3.
14. Maurice Friedman, *To Deny Our Nothingness: Contemporary Images of Man*, p. 254.
15. Citado em ibid., pp. 246-47.
16. Rollo May (organizador), Gordon Allport, "Comment on Earlier Chapters", *Existencial Psychology* (Nova York: Random House, 1961), pp. 44-45.
17. Ibid., Carl R. Rogers, "Two Divergent Trends", p. 87.
18. Rollo May, op. cit., p. 15.

CAPÍTULO 7

1. Carl R. Rogers, "A Theory of Therapy, Personality, and Inter-Personal Relationships, as Developed in the Client-Centered Framework", em S. Koch (organizador), *Psychology: A Study of Science*, Vol. III (Nova York: McGraw-Hill, 1959), pp. 200-201.
2. Ibid., p. 200.
3. R. D. Liang, *Knots* (Nova York: Random House, 1970), p. 38.
4. Carl R. Rogers, "The Characteristics of a Helping Relationship", *Personnel Guidance Journal*, 1958, Vol. XXXVII, pp. 6-16.
5. Carl R. Rogers, "Two Divergent Trends", em Rollo May (organizador), *Existential Psychology* (Nova York: Random House, 1961), p. 89.
6. Ibid.
7. Ibid., p. 90
8. Ibid.

CAPÍTULO 8

1. Carl R. Rogers, *Freedom to Learn* (Columbus: Ohio: Charles E. Merrill Publishing Co.), p. 303.
2. Ibid., p. 151.
3. Ibid., p. 105.
4. Ibid., p. 119.
5. Citado pelo editor em A. S. Neil, *Summerhill: A Radical Approach to Child Rearing* (Nova York: Hart Publishing Co., 1960).

BIBLIOGRAFIA

BRUNER, JEROME S. *The Process of Education*. Nova York: Random House, 1963. Este livro é o relatório de uma conferência de cientistas e professores, convocados para discutir a melhora do ensino de ciência nas escolas. É, de fato, uma penetrante discussão da educação escolar que propõe a adoção do "método de investigação" como base para aprendizagem e ensino. Rogers sugere que esse método é facilitado por natureza.

HILL, WINFRED F. *Learning: A Survey of Psychological Interpretation*, ed. rev. Scranton, 1971. Para todos os interessados em um estudo de teoria de aprendizagem, esta é uma apresentação muito legível e sólida. Foi feito esforço para apresentar ilustrações dentro de um contexto educacional, embora a orientação seja principalmente psicológica.

LABENNE, WALLACE D., e GREEN, BERT I. *Educational Implications of Self-Concept Theory*. Pacific Palisades, Califórnia: Goodyear Publishing Co., Inc., 1969. Fornece dados empíricos e experimentais demonstrando uma relação fenomenológica direta entre a criança e seu comportamento manifesto em termos de desempenho acadêmico. As conseqüências prováveis de atividades de ensino sobre o autoconceito em desenvolvimento na criança são cuidadosamente consideradas. E, práticas educacionais correntes são avaliadas para saber se engrandecem ou danificam a estrutura do self do estudante.

MAY, ROLLO. *Psychology and the Human Dilemma*. Princeton, Nova Jersey: D. Van Nostrand Co., Inc., 1966. Este livro constitui uma análise da relação entre o existencialismo e a abordagem da psicologia fenomenologicamente baseada. É recomendado ao estudante amadurecido que deseja investigar a psicologia existencial em nível de maior profundidade.

MAY, ROLLO (organizador). *Existential Psychology*. Nova York: Random House, 1960. Os artigos aqui contidos foram originariamente apresentados em um simpósio na Convenção Anual da American Psychological Association em Cincinnati, em setembro de 1959. As razões pessoais pelas quais os participantes se interessaram pela relação entre filosofia existencial e psicologia, constituem o tema principal do livro. O livro é uma excelente apresentação introdutória dessa relação. Artigos de Rogers, Maslow, Allport e Feifel.

PITTENGER, OWEN E., e GOODING, C. THOMAS. *Learning Theories in Educational Practice: An Integration of Psychological Theory and Educational Philosophy.* Nova York: John Wiley & Sons, Inc., 1971. Teorias de aprendizagem específicas e proeminentes são aqui descritas e suas presunções implícitas sobre a natureza do homem e suas condições para promover aprendizagem são tornadas explícitas. A informação é derivada de várias declarações experimentais e teóricas sobre a natureza de aprendizagem. Essas teorias são apresentadas de maneira contrastante a fim de facilitar o entendimento.

ROGERS, CARL R. *Freedom to Learn.* Columbus, Ohio: Charles E. Merrill Publishing Co., 1969. O que impregna este livro é a orientação fenomenológica de Rogers em psicologia e particularmente em terapia centralizada no cliente. O resultado é uma defesa da educação centralizada no estudante. São sugeridos meios específicos pelos quais professores podem arriscar-se à experimentação com suas classes. É oferecida uma base conceitual para tal experimentação, assim como uma apresentação dos suportes pessoais e filosóficos e das ramificações de toda a abordagem. E finalmente é também apresentado um programa específico para promover uma mudança autodirigida em todo o sistema educacional.

ROGERS, CARL R., e SKINNER, B. F. "Some Issues Concerning The Control of Human Behavior", *Science*, Vol CXXIV, n.° 3.231 (30 de novembro de 1956). Este artigo é o relato escrito de um simpósio com Skinner e Rogers. Os dois psicólogos apresentaram e defenderam suas respectivas orientações à luz das implicações sociais, científicas e filosóficas particulares. É uma excelente introdução ao conflito aparente entre os dois cientistas.

SKINNER, B. F. *The Technology of Teaching.* Nova York: Appleton-Century-Crofts, 1968. Composto de alguns artigos publicados anteriormente, discursos que não foram publicados e vários capítulos escritos especialmente para o livro, esta obra explica os pontos de vista de Skinner sobre o processo de ensino-aprendizagem. Máquinas de ensinar e instrução programada são descritas e a tecnologia de ensino é desenvolvida. Capítulos sobre pensamento, motivação, criatividade, disciplina e ensino são dirigidos principalmente a educadores.

SKINNER, B. F. *Walden Two*. Nova York: Macmillan, 1948. Com uma argumentação séria em favor de uma sociedade utópica controlada, este romance continua estimulando controvérsia desde sua publicação em 1948. Walden Two é uma comunidade rural economicamente auto-suficiente, dirigida de acordo com princípios skinnerianos. Crianças são condicionadas por profissionais a comportar-se de maneira que assegure sua própria felicidade, sua liberdade de lutas intelectuais e morais, e a continuada estabilidade da comunidade.

WANN, T. W. (organizador). *Behaviorism and Phenomenology: Contrasting Bases for Modern Psychology*. Chicago: University of Chicago, 1964. Os artigos aqui contidos foram originariamente apresentados em um simpósio na Universidade Rice. Os antecedentes históricos e filosóficos, assim como a posição contemporânea dessas duas abordagens da psicologia, constituem o foco primordial do livro. Skinner e Rogers incluiam-se entre os participantes.

IMPRESSO NA
sumago gráfica editorial ltda
rua itauna, 789   vila maria
02111-031   são paulo   sp
tel e fax 11 **2955 5636**
sumago@sumago.com.br

------- dobre aqui -------

CARTA-RESPOSTA
NÃO É NECESSÁRIO SELAR

O SELO SERÁ PAGO POR

AC AVENIDA DUQUE DE CAXIAS
01214-999 São Paulo/SP

------- dobre aqui -------

CADASTRO PARA MALA DIRETA

Recorte ou reproduza esta ficha de cadastro, envie-a completamente preenchida por correio ou fax, e receba informações atualizadas sobre nossos livros.

Nome: _____ Empresa: _____

Endereço: ☐ Res. ☐ Com. _____ Bairro: _____

CEP: _____-_____ Cidade: _____ Estado: _____ Tel.: ( ) _____

Fax: ( ) _____ E-mail: _____ Data de nascimento: _____

Profissão: _____ Professor? ☐ Sim ☐ Não Disciplina: _____

1. Você compra livros:
☐ Livrarias ☐ Feiras ☐ Correios
☐ Telefone ☐ Correios
☐ Internet ☐ Outros. Especificar: _____

2. Onde você comprou este livro? _____

3. Você busca informações para adquirir livros por meio de:
☐ Jornais ☐ Amigos
☐ Revistas ☐ Internet
☐ Professores ☐ Outros. Especificar: _____

4. Áreas de interesse:
☐ Educação ☐ Administração, RH
☐ Psicologia ☐ Comunicação
☐ Corpo, Movimento, Saúde ☐ Jornalismo
☐ Comportamento ☐ Propaganda, Marketing
☐ PNL ☐ Cinema

5. Nestas áreas, alguma sugestão para novos títulos? _____

6. Gostaria de receber o catálogo da editora? ☐ Sim ☐ Não

7. Gostaria de receber o Informativo Summus? ☐ Sim ☐ Não

Indique um amigo que gostaria de receber a nossa mala direta:

Nome: _____ Empresa: _____

Endereço: ☐ Res. ☐ Com. _____ Bairro: _____

CEP: _____-_____ Cidade: _____ Estado: _____ Tel.: ( ) _____

Fax: ( ) _____ E-mail: _____ Data de nascimento: _____

Profissão: _____ Professor? ☐ Sim ☐ Não Disciplina: _____

Summus Editorial
Rua Itapicuru, 613 7º andar 05006-000 São Paulo - SP Brasil Tel. (11) 3872-3322 Fax (11) 3872-7476
Internet: http://www.summus.com.br e-mail: summus@summus.com.br